LES MANIPULATEURS ET *l'amour*

UNE ÉDITION DU CLUB QUÉBEC LOISIRS INC.

Dépôt légal — Bibliothèque nationale du Québec, 2000
ISBN 2-89430-459-5
(publié précédemment sous ISBN 2-7619-1574-7)

Imprimé au Canada

Isabelle Nazare-Aga

LES MANIPULATEURS ET *l'amour*

À Claude

Remerciements

Je suis convaincue qu'on ne réussit jamais seul. Voici une nouvelle occasion de confirmer, avec grand plaisir, ma théorie.

Je tiens premièrement à remercier tous ceux et celles qui m'ont accompagnée depuis la sortie de mon premier livre, *Les manipulateurs sont parmi nous*. Je pense bien entendu aux lecteurs et aux lectrices qui m'ont écrit, à mes patients et à mes patientes, aux participants et participantes à mes séminaires et conférences. (Merci à Marie, du Québec, pour avoir contribué à la recherche du présent titre.) Beaucoup d'entre eux m'ont demandé d'écrire sur les relations amoureuses avec un manipulateur. D'où la naissance de ce livre...

Je remercie aussi tous ceux et celles qui m'ont fait parvenir leurs témoignages, c'est-à-dire les détails de leur liaison, sur cassette ou sur papier : je sais que ces secrets tout à coup dévoilés ont dû faire resurgir beaucoup de douleur et d'émotions. Je salue leur courage et leur authenticité et tiens à les rassurer : leur identité a été modifiée.

Je tire mon chapeau à une équipe formidable : celle de mon éditeur, Les Éditions de l'Homme ! Jacques Laurin, Pierre Bourdon et Pierre Lespérance ont immédiatement accueilli mon projet avec confiance. En France, Huguette et François Laurent ont fait des merveilles ! (Nos contacts téléphoniques quasi quotidiens ne semblent pas les avoir trop découragés, puisqu'ils continuent de montrer de l'intérêt pour mes activités !) Sylvie Archambault, mon attachée de presse au Québec, reçoit toute mon admiration (je le lui ai déjà dit, mais j'insiste !) pour son efficacité absolue. Mêmes compliments pour Isabelle Degroote, attachée de presse en Belgique, et Véronique Marron en Suisse. Je tiens aussi à souligner l'excellente qualité professionnelle et relationnelle des autres membres de l'équipe des Éditions de l'Homme qui travaillent dans l'ombre (ce qui ne les empêche pas de voir clair !) : Rachel Fontaine, adjointe à l'édition, Chantale Landry, Fabienne Boucher, les concepteurs, les secrétaires et la réceptionniste Anita, toujours si accueillante.

Je salue la conscience professionnelle et l'énergie rare de Jo Ann Champagne, qui organise mes conférences au Québec, ainsi que Lucie Douville.

Grand merci à Ludovic Jean et à Carole Ollerdissen pour leurs corrections et suggestions sur la première version du manuscrit : ces corrections m'ont servi à mettre cet ouvrage à la portée de tous.

J'envoie un clin d'œil particulier à Anny Paule Bénaïm, sans qui je n'aurais pu mener de front l'écriture et ma vie professionnelle trépidante… mais si passionnante ! Deuxième clin d'œil à mon frère Arnaud pour le remercier de ses dépannages informatiques à toute heure !

Enfin, je remercie mon compagnon de vie qui m'offre attention, respect et amour, et qui m'a aussi offert, sans s'en rendre compte, l'apaisement et l'énergie dont j'avais besoin pour mener à bien ce travail.

Introduction

Un jour, mon prince… ma princesse viendra…

Qui n'a pas préparé le lit d'une histoire d'amour avec l'espoir secret que celui ou celle qui partage sa vie le porte sur les chemins royaux du bonheur ? Le bonheur à deux… Bienheureux tous ceux-là qui sont convaincus d'y avoir droit.

L'amour… Difficile de le définir de façon satisfaisante. Serait-il trop profond, trop complexe pour être limité à des mots ? On dit que l'amour est un sentiment. La définition suivante m'apparaît plus généreuse qu'une simple définition liée à un sentiment : l'amour serait « la volonté de se dépasser dans le but de nourrir sa propre évolution spirituelle ou celle de quelqu'un d'autre ». Un sentiment, certes, mais aussi une force. Une force profonde et indéfinissable qui nous fait évoluer et grandir, et aide également l'élu de notre cœur à s'épanouir.

Quand bien même l'amour est une notion complexe à définir, il est plus aisé de reconnaître ce qui N'EST PAS de l'amour, ni même sa démonstration.

Lorsque le prince ou la princesse *idéalisé(e)* apparaît dans son bel habit blanc, tous les espoirs sont au rendez-vous. Et c'est tout à fait légitime d'espérer être le plus heureux possible en compagnie de cette personne. Mais que se passe-t-il quand celui ou celle qui nous déclare un amour infini se métamorphose tout à coup en vampire affectif ?

Que feriez-vous si une relation amoureuse vous détruisait, écrasait votre personnalité et votre identité propre, sans laisser place au bien-être, à l'épanouissement, voire au bonheur? «Je prendrais la poudre d'escampette au plus vite!» est sans doute votre réponse. Cela n'est pas si sûr…

Et si celui ou celle que vous laissez entrer dans votre cœur (ou qui en force les portes) s'avère être un manipulateur? La manipulation mentale est l'outil principal de certains êtres qui nous entourent. Hommes ou femmes, ces manipulateurs montrent le plus souvent un visage et des attitudes attrayantes dans le seul but d'exercer une emprise psychologique sur leurs proies. Au début, cela ressemble à des manifestations bien courantes de l'amour. Mais progressivement, le masque tombe et ce qui faisait penser à une relation amoureuse à l'avenir prometteur devient rapidement une véritable entreprise de destruction de la part du manipulateur.

La raison nous imposerait donc de fuir au plus vite. Or, les témoignages (de personnes pourtant saines d'esprit) que j'ai pu recueillir m'obligent à constater l'inverse: la victime amoureuse se soumet à son prédateur! Les conséquences sont notables: perte de l'estime de soi et de la confiance en soi, anxiété, recrudescence du sentiment de culpabilité, peur, manque d'assurance en société, isolement. Et sur le plan somatique: apparition de troubles du sommeil, de symptômes physiques nouveaux, mal-être quotidien, dépression, idées suicidaires…

L'amoureux transi serait-il masochiste? Serait-il complice de celui ou de celle qui semble se nourrir de sa substance vitale? On dit que *l'amour rend aveugle.* Mais vient le jour où l'on doit retrouver la vue, se réveiller. Parfois ce jour n'arrive qu'après des périodes de 10, 20 ou 30 ans… Le réveil est alors si brutal que nous préférons nous voiler le visage et sombrer de nouveau dans l'état comateux dans lequel nous sommes plongés depuis si longtemps. Qu'est-ce qui nous fait si peur? Cet ouvrage, consacré à une relation amoureuse avec un manipulateur (ou une manipulatrice), propose des réponses, ou du moins des suggestions pour aider ceux d'entre nous qui pourraient être concernés à se « sortir de ce sommeil qui empoisonne l'existence ». Comment fonctionnent ces personnalités pathologiques que sont les manipulateurs ? Largement décrites dans un premier ouvrage intitulé *Les manipulateurs sont parmi nous,* ces personnalités (parfois perverses) sont observées, dans le présent essai, de façon beaucoup plus détaillée, et uniquement au regard de leurs relations amoureuses.

J'étais persuadée, en commençant à écrire ce livre, de connaître assez bien le sujet. Je dois cependant avouer avoir fait, en cours de route, quelques découvertes assez surprenantes. J'ai appris, par exemple, que l'homme et la femme n'ont pas la même perception de la situation lorsqu'ils sont confrontés à la phase de séduction du manipulateur. J'ai aussi compris un peu mieux les raisons qui poussent les partenaires à s'engager plus « officiellement » dans la relation malgré un malaise certain. J'ai obtenu d'autres réponses en posant les questions suivantes : À partir de quel moment le vide social et familial s'installe-t-il ? Comment la sexualité se manifeste-t-elle chez un manipulateur ? Chez une manipulatrice ? Chez un pervers, une perverse ? Je me suis aussi rendu compte que ce type de manipulateur va éviter, la plupart du temps, d'avoir recours à la violence physique. Cela tend à prouver qu'un harcèlement psychologique est beaucoup plus sournois. Invisible aux étrangers, il est autrement plus destructeur.

De nombreuses autres questions ont surgi au cours de mes recherches : Quelles sont les difficultés de ceux et celles qui souhaitent rompre mais qui retardent ce moment ? Que deviennent les enfants dans ce cas de figure ? Pourquoi la garde des enfants est-elle systématiquement revendiquée par les hommes/pères manipulateurs ? Quel soutien rechercher au moment de la séparation ou du divorce ? Et enfin, comment s'en sortent les conjoints-victimes après la séparation définitive ?

Ce livre est donc construit autour des diverses phases de liaisons amoureuses. Des histoires d'amour qui ne sont... vraiment pas des histoires d'amour! *Cela n'arrive pas qu'aux autres!* C'est la raison pour laquelle cet ouvrage s'adresse à tous les amoureux potentiels, hétérosexuels ou homosexuels. Je vous invite à consulter les sections intitulées *Que faire?* à la fin de certains chapitres: il s'agit de conseils que je qualifierais de «préventifs».

Ceux et celles qui se reconnaîtront en lisant cet ouvrage auront avantage à ouvrir l'œil. Les manipulateurs ont un fonctionnement stéréotypé et, à force de les côtoyer, nous finissons par être capables *d'anticiper* leurs prochains actes. Le scénario ne change jamais. Des milliers de gens «sont entrés dans la toile des manipulateurs» pour leur plus grand malheur! Certaines victimes de manipulateurs se souviendront de cette expérience pour le reste de leur vie. Plusieurs d'entre elles ont accepté de témoigner (sur cassettes et par écrit). Depuis 1990, je rassemble donc ces confidences grâce aux consultations thérapeutiques, aux révélations faites lors de formations, aux courriers spontanés et aux discussions amicales. Tous ces gens qui me les ont livrées ont eu le désir de partager leur expérience passée (actuelle pour certains) avec des personnes qui pourraient être aux prises avec les mêmes problèmes qu'eux. Ces témoins m'accompagneront tout au long de cet ouvrage. En ouvrant une porte sur leur douloureux vécu, je leur céderai souvent la parole...

Chapitre premier

Reconnaître un manipulateur

Les manipulateurs sont parmi nous. Ils occupent même des positions sociales bien en vue. Ils sont médecins, journalistes, enseignants, ou ont souvent une profession reliée au pouvoir. Mais ils peuvent également être mères au foyer, coiffeurs... L'activité ne crée pas le manipulateur.

Le manipulateur relationnel n'est pas associé à un sexe en particulier. Il ne se limite pas non plus à un seul lieu de prédilection. Il ou elle évolue dans notre monde social, familial, conjugal ou professionnel.

Être manipulateur n'est pas une tactique mais bien un *état*. C'est un type de personnalité. Une personnalité narcissique reconnue psychiatriquement comme une pathologie et cependant peu étudiée.

Il y a donc une différence fondamentale entre ÊTRE manipulateur et FAIRE de la manipulation. Non, nous ne sommes pas tous manipulateurs ! Ces derniers représentent environ 3 % de la population, mais leur cas nous intéresse tant les dégâts qu'ils provoquent sont nombreux, systématiques et dévastateurs pour 90 % de leur entourage.

QU'EST-CE QUI CARACTÉRISE UN MANIPULATEUR ?

Si le terme « manipulateur » est retenu pour les décrire, c'est qu'ils ne se montrent pas essentiellement sous un côté sombre et démoniaque. Comme tous les êtres humains, ils ont des qualités. C'est justement ce qui explique cette difficulté à déceler rapidement et nettement leur personnalité. Leur discours, leurs actes et leurs attitudes créent sans cesse la confusion mentale chez les gens de leur entourage. Ce livre, agrémenté d'exemples concrets et véridiques, a pour objectif de vous aider à découvrir les véritables manipulateurs. Trente caractéristiques bien précises les définissent. Pour savoir si nous avons affaire à un manipulateur, nous devons extraire de la liste suivante *au moins une dizaine de ces caractéristiques.* En deçà de ce nombre, il s'agit plutôt d'attitudes isolées, certes néfastes à une relation épanouissante, mais qui ne nous permettent pas de parler de « manipulateur ».

1. **Il culpabilise les autres, au nom du lien familial, de l'amitié, de l'amour, de la conscience professionnelle, etc.**
2. **Il fait croire aux autres qu'ils doivent être parfaits, qu'ils ne doivent jamais changer d'avis, qu'ils doivent tout savoir et répondre immédiatement aux demandes et aux questions.**
3. **Il utilise les principes moraux des autres pour assouvir ses besoins (courtoisie, humanisme, solidarité, antiracisme, « gentillesse », « générosité », « bonne » ou « mauvaise » mère, etc.).**

Le manipulateur relationnel réussit à vous rendre coupable de fautes imaginaires. Il use de raisonnements pseudo-logiques et de règles morales qu'il manie selon le but recherché. Il est particulièrement doué pour inverser les situations, et réussit à installer la confusion chez son interlocuteur. Si ce dernier a une tendance naturelle à se rendre responsable ou coupable de tout et de rien, il devient alors une cible de prédilection pour le manipulateur.

Le manipulateur est le roi de la « double contrainte » (ou *double bind*). Mais il n'est malheureusement pas le seul ! La « double contrainte » est une communication paradoxale où deux messages opposés sont émis de telle manière que si vous obéissez à l'un, vous dérogez à l'autre. Par exemple, si quelqu'un vous reproche votre manque de culture mais répond en même temps à l'une de vos questions (vous voulez en apprendre plus sur un sujet) par un « Réfléchis ! » ou encore « Ça ne sert à rien que je t'explique, tu n'y connais rien ! », vous vous trouvez face à une double contrainte. Quoi que vous fassiez, vous vous sentez médiocre.

4. **Il met en doute les qualités, la compétence, la personnalité des autres : il critique, dévalorise et juge.**
5. **Il peut être jaloux, même s'il est un parent ou un conjoint.**
6. **Il utilise des flatteries pour nous plaire, fait des cadeaux ou se met soudain aux petits soins pour nous.**

Tous les jours, le manipulateur critique. Indirectement ou très clairement. Il s'adresse directement à vous ou se sert d'intermédiaires. Même si quelques personnes y échappent (pour quelques mois !), tous ceux qui l'entourent vont représenter des cibles, quoi qu'ils fassent. La perfection n'existant pas, il est là pour le faire remarquer... aux autres ! Toutes les occasions sont valables, comme par exemple la qualité des tomates que vous venez d'acheter.

Sa survie psychique semble être étroitement liée à l'exercice de « dépréciation des autres », comme si lui-même se refaisait « une santé » ! On peut le comparer à une personne qui se noie mais qui écrase la tête de son sauveteur afin de s'en sortir vivante. Comme si la vie et le rapport à autrui n'étaient qu'une éternelle lutte... Se nourrir de la substance vitale des autres est l'aspect principal de son vampirisme. Pour parvenir à ses fins, il n'hésitera pas à utiliser la flatterie et les éloges (il est patient, le moyen et le long terme ne l'effraient pas). Certains de ses compliments sont sincères mais peuvent se retourner contre vous. Sa jalousie est sans pareille. Il cherche à s'approprier ce qu'il ne peut avoir : vos qualités, vos talents, vos réussites, vos biens matériels.

7. **Il joue le rôle de victime pour qu'on le plaigne (maladie exagérée, entourage « difficile », surcharge de travail, etc.).**

Le manipulateur a souvent recours à la victimisation. La « chance » ne lui sourit pas, selon lui. Il se dit victime de l'incompétence, de la médiocrité et des faiblesses des autres. Quand il est malade, il exagère sa maladie, il est au bord de la mort ! C'est votre faute, celle des médecins ou de la vie qui ne lui a jamais fait de cadeau. Si vous tombez malade, ne vous attendez pas à recevoir de l'aide de sa part. Pour lui, vous êtes un malade « imaginaire ».

8. **Il se démet de ses responsabilités en les reportant sur les autres.**

Le manipulateur se démet de ses responsabilités lorsque l'issue d'une résolution de problème échappe à son contrôle. Il reporte ses responsabilités sur autrui ou sur un système. En revanche, si une affaire « tourne bien », il répète sans arrêt qu'il y a mis son grain de sel. Pour prendre certaines décisions, il se place en retrait, mais il sera le premier à vous reprocher de ne pas avoir obtenu les résultats escomptés.

9. **Il ne communique pas *clairement* ses demandes, ses besoins, ses sentiments et ses opinions.**
10. **Il répond très souvent de façon floue.**
11. **Il change carrément de sujet au cours d'une conversation.**

12. Il évite ou s'échappe de l'entretien, de la réunion.
13. Il fait faire ses messages par autrui ou par des intermédiaires (téléphone au lieu du face à face, laisse des notes écrites).
14. Il invoque des raisons logiques pour déguiser ses demandes.
15. Il prêche le faux pour savoir le vrai, déforme et interprète.
16. Il ne supporte pas la critique et nie des évidences.
17. Il menace de façon déguisée ou fait un chantage ouvert.

Un manipulateur parle mais ne communique pas de façon authentique. Au mieux, il exprime ses messages sur un mode unilatéral ou de façon ironique. Il déforme et interprète ce que vous lui dites sans vous consulter pour vérifier l'exactitude de votre intention ou de votre pensée.

Il s'échappe de discussions qui l'ennuient, soit physiquement, soit par des déviations verbales (contenus et sens) qui demeurent mystérieuses à vos yeux. Il ne formule pas ses demandes de façon claire et préfère poser une question détournée afin de conclure seul à partir de votre réponse. Par exemple, au lieu de demander « Pouvez-vous vérifier le carburateur de ma voiture ce soir ? », il pourrait dire : « Vous êtes bon mécanicien à ce que je sache ? » Dans un même ordre d'idées, ses réponses sont loin d'être limpides. Au cours d'une discussion, il a l'art de noyer le poisson, discussion qu'il ne tolère d'ailleurs que pour s'assurer d'avoir raison en finale. Il ne supporte aucune remarque, aucune critique, aucun refus de votre part. S'il garde le silence, il rumine. Ou calcule ! Les critiques, même légères, provoquent chez lui une forte anxiété qu'il tente de camoufler en vous lançant quelques remarques acerbes en retour. Se sentant menacé et craignant de ne pas parvenir à son but, il peut user de menaces sous-entendues. Dans le milieu familial ou au sein d'une relation amoureuse, le manipulateur aura recours au chantage et aux menaces de suicide. Ne serait-ce que pour vous obliger à lui exprimer votre amour.

18. Il sème la zizanie et crée la suspicion, divise pour mieux régner et peut provoquer la rupture d'un couple.
19. Il change ses opinions, ses comportements, ses sentiments selon les personnes et les situations.
20. Il ment.

La scission progressive d'une équipe, d'une famille ou d'un groupe d'amis depuis l'arrivée d'un nouveau membre (manipulateur) devrait vous mettre la puce à l'oreille. Un manipulateur est « dérangé » par la présence de gens qui s'entendent bien autour de lui. Il s'arrange donc pour créer la suspicion et les quiproquos entre personnes d'un même groupe : autrement dit, il sème la zizanie. La discorde se manifeste petit à petit, et, bien souvent, nul ne réussit à en définir réellement la source. Un manipulateur est-il lunatique ? Sans doute. Ce qui est commun aux manipulateurs est leur faculté à changer de comportements, d'attitudes, de discours, d'opinions et même de décisions selon qu'ils se trouvent en présence de telle ou telle personne. Les mimiques d'un manipulateur, son sourire et même les intonations de sa voix peuvent changer brusquement. Seuls les proches sont capables de repérer cet étrange phénomène de métamorphose. Comme si les sentiments et les émotions sous-tendant ces réactions non verbales n'avaient aucun réel fondement. Aussi, le manipulateur peut vous tenir un discours particulier un jour et élaborer des propos opposés trois jours plus tard. Si vous relevez ses contradictions, attendez-vous à l'entendre nier catégoriquement un tel changement d'avis, et attendez-vous surtout à ce qu'il vous reproche de n'avoir rien compris ou mal entendu la première fois ! Sans témoins, il va même vous arriver de douter de votre faculté d'écoute. Le manipulateur est donc *un prestidigitateur dans l'art du mensonge.* Il ne semble lui-même pas conscient de la teneur et de la fréquence de ses mensonges et de ses simulations. Ce qui ne signifie pas qu'il n'en est *jamais* conscient !

21. Il mise sur l'ignorance des autres et fait croire à sa supériorité.
22. Il est égocentrique.
23. Son discours paraît logique ou cohérent alors que ses attitudes, ses actes ou son mode de vie répondent au schéma opposé.
24. Il utilise très souvent le dernier moment pour demander, ordonner ou faire agir autrui.
25. Il ne tient pas compte des droits, des besoins et des désirs des autres.
26. Il ignore les demandes (même s'il dit s'en occuper).
27. Il produit un état de malaise ou un sentiment de non-liberté (piège).
28. Il nous fait faire des choses que nous n'aurions probablement pas faites de notre propre gré.
29. Il est efficace pour atteindre ses propres buts mais aux dépens d'autrui.
30. Il est constamment l'objet de discussions entre gens qui le connaissent même s'il n'est pas là.

Lorsque vous pensez avoir affaire à un manipulateur ou à une manipulatrice, essayez de garder en tête « la grille de décodage des comportements typiques d'un manipulateur ». Grâce à cette grille, vous apprendrez, petit à petit, à déceler quelques-uns des aspects associés à ce type de personnalité. Il n'est en effet pas facile de diagnostiquer cette personnalité pathologique. C'est d'ailleurs pour cette raison que nous utilisons le terme « manipulateur ». D'autant plus que les *masques* de ces personnes sont parfois beaucoup plus agréables que le laisse entendre la lecture des caractéristiques citées plus haut. Les masques les plus fréquents sont les suivants : *sympathique, séducteur, altruiste, cultivé, timide,* et enfin, le plus facilement repérable, *dictateur* (masque désagréable !). Comme l'ouvrage *Les manipulateurs sont parmi nous* le précise, nous passons aussi de bons moments aux côtés de ces *personnages déséquilibrés.* D'où la confusion et la déstabilisation de l'entourage quand survient un revirement inexpliqué. Dans l'esprit du commun des mortels, cela « n'a pas de sens » qu'une personne *si aimable* (par exemple) soit « un manipulateur » ou « une manipulatrice ». Comme cela n'a pas de sens, on cherche du sens ailleurs. Et il est parfois très difficile de convaincre des victimes (des gens qui ont eu une relation – amoureuse, familiale, sociale ou professionnelle – avec un être profondément déséquilibré) de prendre conscience des apparences trompeuses sous lesquelles se cache ce manipulateur.

SONT-ILS CONSCIENTS ?

Cette question m'est souvent posée. Elle m'amène à nuancer la réponse. Selon de nombreuses observations, *la plupart des manipulateurs sont conscients du pouvoir et de l'influence qu'ils exercent sur autrui.* Mais *tous ne prennent pas conscience des conséquences souvent désastreuses* sur le psychisme de ceux et celles qui les entourent. Lorsque les manipulateurs sont absents, ils ne peuvent pas s'imaginer non plus tout ce qui peut se dire sur eux et sur leurs agissements paradoxaux. Leurs remarques assassines, leurs mensonges, leurs changements brusques et complets d'attitudes et d'opinions ne semblent pas, dans leur esprit, porter à conséquence. Ils ne soupçonnent pas qu'à cause d'eux certaines personnes font de l'insomnie, pleurent fréquemment, deviennent hyper-anxieux ou se rendent littéralement malades. Leur égocentrisme, un puissant handicap, les rend incapables de se mettre à la place des autres et de les comprendre en profondeur. Ils tiennent souvent un discours totalement opposé à leur façon d'agir : « Tu es la seule chose qui compte dans ma vie », « Tout ce que j'ai fait dans ma vie n'a jamais été pour moi », etc. Ils semblent même en être convaincus. Ce besoin qu'ils ont de s'assurer une image positive d'eux-mêmes régit leur existence. Et tous les moyens sont bons pour faire tourner la roue de cette sempiternelle quête. Même s'ils sont les premiers à défendre des principes moraux ou sociaux, à parler par aphorismes et à utiliser des citations en tous genres pour étayer leurs discours, l'éthique en général et sur le plan humain en particulier leur manque singulièrement.

Les manipulateurs pervers semblent, quant à eux, conscients de leurs actes ainsi que des conséquences sur leur entourage.

QUAND LE NARCISSISME RENCONTRE LA PERVERSITÉ

Certains d'entre eux sont réellement pervers. La perversité est encore une pathologie peu étudiée, sauf par la psychanalyse. Mais comme cette discipline reste peu accessible, le grand public, particulièrement concerné, a peu d'information sur le sujet. Les manipulateurs ne sont pas hospitalisés, pas plus que les paranoïaques d'ailleurs. Certains pervers le sont parfois; mais la plupart d'entre eux se camouflent derrière des professions apparemment honorables. Comme pour le manipulateur (appelé « pervers narcissique » par les psychanalystes), le trouble de base du pervers de caractère est le « narcissisme pathologique ».

Si nous faisons référence aux recherches psychanalytiques, il convient donc d'être attentif aux différentes appellations et de différencier:

- le « pervers narcissique » (ce que j'appelle le « manipulateur »);
- le « pervers de caractère » (ce que j'appelle le « manipulateur pervers »);
- le « pervers » de perversion véritable (perversion sexuelle).

Malgré la tâche peu aisée de résumer ce qu'un siècle de discussions entre grands chercheurs d'obédience psychanalytique a pu établir, je tenterai ici de rester la plus concrète possible afin d'être compréhensible au lecteur. Je suis consciente du risque de commettre quelques raccourcis peu orthodoxes au regard de la subtilité reconnue chez ces chercheurs psychanalystes.

Nous allons rapidement nous détacher de la notion de « pervers véritable » puisqu'elle fait référence à la perversion sexuelle pure et donc aux pathologies telles que l'exhibitionnisme, le sadomasochisme sexuel, la pédophilie, la zoophilie, le fétichisme, etc. Le pervers sexuel véritable nourrit sa vie quotidienne de ses pulsions orientées vers des objets de déviation devenus l'unique source de plaisir sexuel. Le thème de cet ouvrage ne correspond donc pas vraiment à cet aspect de déviation.

Depuis sa création en 1898 par Havelock Ellis, le concept du narcissisme ne cesse de se métamorphoser. Freud lui-même « désexualise » la notion pour ne plus faire référence à la perversion systématique (expliquée plus haut). D'autre part, des chercheurs émettent l'hypothèse d'une *perversion* dite *de caractère* qui accompagne ou non la déviation sexuelle. Enfin, le concept de narcissisme s'allie à celui de la *perversion de caractère*. Cette dernière, étudiée par J. Bergeret[1], est proche du tableau de la perversion narcissique (celui du « manipulateur »).

Le « pervers de caractère » (précisément écrit par J. Bergeret : *« pervers » de caractère*) est la pathologie à laquelle je fais référence lorsque j'énonce le terme de « manipulateur pervers ». Dans ce cas, nous ne parlons plus tant de la *perversion* que de la *perversité*. Cette dernière se définit comme le caractère ou l'action perverse ayant des points communs avec le sadisme moral et la dépravation.

Voici comment différencier concrètement le manipulateur « classique » (« pervers narcissique ») du « pervers de caractère » : le pervers de caractère est conflictuel et peu accepté par son entourage. La réalité de l'autre est encore plus niée que dans le cas du manipulateur qui, lui, élabore une stratégie afin de ne pas être victime d'aversion

1. BERGERET, J., *La personnalité normale et pathologique,* Paris, Éd. Dunod, 1974, 1996.

directe. Le manipulateur agit plus *discrètement* que le pervers de caractère et n'éveille pas la vigilance de son entourage.

Le pervers de caractère est plus intransigeant. Le manipulateur sait davantage attendre et prendre soin de se présenter en victime afin de susciter la compassion.

Le pervers de caractère est un caractériel. Ses réactions de frustration sont violentes et exagérées. Tout lui est dû immédiatement. Il n'admet aucune remise en question quand, lui, se permet de critiquer tout le monde.

De plus, il se joue **ouvertement** des émotions d'autrui et montre du plaisir à observer l'humiliation de sa victime. Il triomphe doublement lorsqu'il fait remarquer à celle-ci qu'elle se soumet à cette humiliation. La jouissance de la domination est propre aux sentiments pervers.

Ces manipulateurs pervers *(pervers de caractère),* hommes ou femmes, semblent très conscients des déstabilisations et des désarrois causés à autrui et en jouissent. Ils formulent des menaces ouvertes du type : « Je tiens ta vie dans ma main », « Regarde-toi pleurer comme une gamine ! », « Je ne te laisserai pas me quitter, prends garde à toi », « Je veux ton âme ». De plus, leurs comportements sont déroutants et leurs attitudes, malsaines.

Les valeurs auxquelles vous êtes attachés sont bouleversées : l'authenticité, la logique et la cohérence de la pensée et des actes, le désir de communiquer, la recherche de l'harmonie relationnelle…

À la place de l'entente paisible, le manipulateur pervers recherche la stimulation.

Au lieu de créer, il détruit.

Sa pensée n'est pas créatrice : elle est stratégique.

Il n'a pas de véritables amis : il cherche davantage des complices.

Il n'éprouve pas de culpabilité et n'a aucun scrupule.

D'ailleurs, il ne doute pas : il affirme.

Sa mégalomanie l'empêche de respecter les limites d'autrui et même de faire confiance aux autres.

Il s'amuse à provoquer la gêne en utilisant des termes sexuels souvent crus et grossiers.

Il nie la différence des générations sur le plan sexuel, les exemples les plus courants étant les cas d'abus sexuels sur des enfants et les cas d'incestes. La perversion sexuelle est effectivement une composante souvent présente chez le pervers.

Bref, il dénie la réalité de l'autre et cherche à triompher.

Comme nous le constatons, le pervers de caractère utilise toutes les formes de manipulation mais de manière plus intense et plus visible aux yeux de ses victimes. Quelques cas relatés plus loin grâce aux témoignages de partenaires de manipulateurs et de manipulatrices font singulièrement penser aux pervers de caractère (que j'appellerai dorénavant « manipulateur pervers »).

Il est parfois difficile de différencier les sujets atteints de perversité des personnes au caractère paranoïaque. Ces derniers ont cependant une structure dont la conséquence est la rupture de relation aux autres (entre autres !). Les pervers de caractère, eux, tentent de sauver leur narcissisme personnel en se servant de celui des autres, au sein d'un Moi relativement incomplet.

Pour terminer, je souhaiterais faire allusion au *« couple pervers »,* autre dénomination spécifique, où chacun des membres participe à un jeu d'équilibre sadomasochiste et où l'activité sexuelle perverse est partie prenante. Des ouvrages psychanalytiques y font référence, notamment *La Haine de l'Amour* de M. Hurni et G. Stoll[2].

Certains de ces couples consultent des psychothérapeutes dans l'idée non explicite de rétablir l'équilibre perdu de leur relation perverse alimentée par l'un **et** l'autre. D'un premier abord, le thérapeute peut penser que sa tâche consiste à rendre la victime moins

2. Murni, M. et Stoll, G., *La Haine de l'Amour – La perversion du lien,* Éd. L'Harmattan, 1996.

victime et le bourreau moins sadique. Dans ce type de couple, la femme n'est pas systématiquement la victime masochiste et l'homme, le sadique. De plus, on se rend compte qu'il existe un jeu pervers **des deux côtés** dont chacun s'accommode parfaitement. La thérapie de ce type de couple est systématiquement mise en échec, aux yeux du professionnel. Le but des demandeurs, conscient ou non, est de retrouver leur équilibre sadomasochiste même si le membre qui semble être la victime exprime le désir que « certaines choses » changent. Ces couples durent généralement la vie entière, à l'étonnement et l'incompréhension de leur entourage et de leurs propres enfants. C'est un cas où je parle bien volontiers de « complicité » des deux protagonistes. La guerre quotidienne stimule l'un **et** l'autre des partenaires et le but de chacun est de prouver qu'il peut triompher dans la bataille. C'est à tour de rôle même si les armes ont des aspects différents selon que l'un se place apparemment sur le versant masochiste et l'autre sur le mode sadique. À certains moments, le masochiste devient délibérément sadique et inversement. Il ne s'agit pas ici, vous l'aurez compris, de jeux sexuels dominant-dominé mais bien de perversité morale qui n'exclut pas l'activité sexuelle perverse.

L'affaire qui nous concerne tout au long de ce livre ne traite pas de ces « couples pervers » mais plutôt des processus et des conséquences liés à la personnalité et aux agissements d'**un seul membre** du couple qui s'avère être soit manipulateur, soit manipulateur pervers, qu'il s'agisse de la femme ou de l'homme.

Chapitre 2

Tout nouveau, tout beau…

LA SÉDUCTION EST-ELLE UNE MANIPULATION ?

La séduction est-elle une manipulation ? Voilà une question que chacun est en droit de se poser. Bien souvent, la réponse n'apporte aucune satisfaction, car la question en elle-même contient un paradoxe.

La séduction est à la fois un *processus* et une *phase* intervenant dans une fonction encore plus large, celle de la *construction d'une éventuelle relation.*

La phase de séduction s'inscrit dans le temps. Elle peut durer une soirée, un mois ou deux ans : à chacun son rythme. Elle suppose un enjeu important pour la plupart d'entre nous : *plaire.* Si vous plaisez à l'autre dès le début, vous avez plus de chances de poursuivre une relation amoureuse. Se donner la possibilité de plaire à quelqu'un est donc tout à fait légitime.

Il est normal de préférer se montrer sous son meilleur aspect lorsqu'on est attiré par quelqu'un. **Je dis bien « meilleur aspect » et non pas « aspect différent »** : cela va nous permettre d'entrevoir la différence entre la séduction active et saine, et la manœuvre manipulatrice. S'évertuer à montrer un **aspect différent de soi** dans le but de séduire **pour ensuite changer radicalement d'attitudes et de comportements** dès que l'emprise est assurée, évoque sans nul doute une manipulation.

La phase de séduction met en action un système de codes sociaux et culturels que vous et moi connaissons pour les avoir mis en pratique plus ou moins maladroitement à l'adolescence. Ces codes existent dans chaque culture et peuvent être différents selon les pays.

Le mode de séduction est étroitement lié à la langue et à la culture. Les règles du jeu se situent dans le non-dit. Dans chaque pays, ces règles existent. Elles ne se mettent pas en place à l'insu des protagonistes, mais sont, au contraire, bien connues d'eux. Par exemple, en France, *celui* qui vous convoite (rarement *celle*) vous invite à dîner en tête-à-tête pour sous-entendre qu'il ne veut pas en rester là. S'il s'agit d'une simple relation amicale, ce code n'est cependant pas sous-tendu. De la même manière, la femme qui vous propose « un dernier verre » chez elle émet le message implicite qu'elle s'attend à une « suite ». Dans ces cas, on ne parle pas de manipulation, car chacun est censé pouvoir interpréter les clefs de ce code. Le doute peut toutefois rendre ce moment excitant, mais aussi, pour certains, anxiogène.

Dans la séduction, nous désirons nous montrer attirants, ne serait-ce que physiquement. Il est tout à fait normal de préférer être mince plutôt qu'obèse, bien habillé plutôt que déguenillé, parfumé, les ongles propres, les cheveux coiffés... Présenter ses meilleurs atouts lorsque nous souhaitons plaire fait partie du jeu et il est naturel de s'y adonner. Nous tenons, malgré ce petit « coup de pouce », à rester authentiques.

En revanche, le manipulateur ou la manipulatrice séduit par des moyens qui ne font pas partie de son registre propre. Par exemple, il fait croire à un statut social qui ne correspond pas à sa réalité. Il simule la galanterie et l'attention à l'objet convoité, alors que l'intention sous-jacente n'est aucunement le respect sincère de l'autre. Il ou elle se pare d'accessoires visiblement liés à la richesse matérielle (voiture, bijoux, vêtements, choix d'un luxueux restaurant), alors que sa générosité ne s'applique qu'à lui-même.

Le manipulateur séduit en trompant l'autre sur sa vraie nature. Son but n'est pas d'aimer l'autre et de donner, mais bien de piéger l'autre par des gestes, des attentions, des paroles et des accessoires attrayants qui laissent présager une suite bien agréable, voire idéale. Une fois que le manipulateur a réussi à exercer son emprise sur l'autre et que cet autre est complètement subjugué, envoûté, ces attitudes disparaissent aussitôt, ce qui est profondément déstabilisant pour le nouveau partenaire. Ces « belles choses » ne réapparaissent qu'en présence d'un public, et seulement si le manipulateur y trouve un intérêt.

La séduction basée sur le mensonge et la tromperie est donc une manipulation. Elle floue l'autre à son insu. L'éthique fait défaut au manipulateur. Il a cependant la caractéristique de faire croire pour un temps qu'il en possède une, comme tout le monde !

Le bluff de l'original

Une femme peut être séduite par **l'originalité** d'un homme. Un manipulateur étant narcissique, son comportement s'articule autour de démonstrations en public, de mots d'humour et d'actes inhabituels et culottés. Il met son masque de « séducteur » et effectue un numéro de comédien. L'homme a du charme, du culot ou est doté d'un fort caractère. On ne va pas s'ennuyer !

Aussi, le manipulateur peut narrer une partie de son **histoire filiale.** Vous êtes fascinée. Il laisse imaginer qu'il est issu d'une famille extraordinaire (vrai ou faux) ou encore qu'il est victime de drames familiaux (abandon, guerre…) dont il s'est sorti grâce à ses qualités de courage, de volonté, etc.

Et que dire de sa **culture générale** ! Vous êtes, au début de la relation, béate d'admiration devant ses talents artistiques, son intelligence ou ses capacités sportives. Plus tard, vous réalisez tout à coup qu'il ne s'agissait que d'un vernis…

Voici l'exemple de Raymonde. En parlant de l'homme qu'elle a épousé, elle dit : *« C'est un beau parleur ! Je me suis laissée éblouir. »* Il remplissait 26 caractéristiques du manipulateur sur 30 !

Agnès, quant à elle, décide d'avoir recours aux petites annonces à la suite de plusieurs relations amoureuses décevantes (dont une longue de six ans). Agnès est institutrice.

« Une réponse m'a séduite par son originalité, son attention à l'autre, son intelligence et sa présentation impeccable. J'ai téléphoné au numéro indiqué. J'étais prise au piège, mais je ne le savais pas encore. Une relation très houleuse et passionnée s'est installée. Je ne sais pour quelle raison, la relation, bien que mouvementée (ou peut-être parce qu'elle l'était) m'a paru très agréable. J'avais besoin de quelqu'un qui se préoccupait de moi et c'était le cas, ***par moments.*** *Je me rends compte maintenant que j'étais comme droguée… J'avais besoin du plaisir physique qu'il me permettait de retrouver. Je vivais seule depuis plusieurs années lorsque je l'ai rencontré. J'étais prête à rompre 10 mois plus tard, lorsque j'ai appris que j'étais enceinte. Pour mon malheur (je l'ai compris plus tard), j'ai décidé de lui annoncer la nouvelle. »*

Certaines femmes sont sensibles aux attributs extérieurs (tels que la bonne présentation physique, la galanterie, la voiture propre et confortable…) ou à des comportements que les manipulateurs savent exploiter… du moins au début.

L'HOMME AMOUREUX DE SON INDÉPENDANCE

Les manipulatrices sont très patientes. Elles ont d'autres qualités qui séduisent sûrement beaucoup d'hommes : la bonne humeur et la tolérance. Elles sont aussi capables d'offrir l'illusion que celui qu'elles ont daigné choisir préservera sa liberté et son indépendance.

Denis, 39 ans, exerce la profession de dentiste. Il vit toujours avec la femme qu'il a rencontrée à l'âge de 24 ans. À cette époque, Denis avait besoin d'énergie : « *Cette personne-là avait énormément de* feu. *J'ai été d'emblée fasciné par elle. En même temps, j'ai ressenti qu'un jour j'aurais des* ennuis. *Épanouissante au départ, cette relation est devenue destructrice. Pendant trois ans, jusqu'au mariage, nous n'avions aucun conflit. J'obtenais tout sans insister.* Oui *était le mot-maître de ces trois années en or.* »

L'attitude de cette femme changea **radicalement** dès que Denis l'épousa, après trois ans d'idylle. La phase de séduction fut donc *remarquable par sa durée.*

Denis fut incontestablement séduit par la fougue de cette femme et plus encore par son indulgence à le laisser agir selon ses désirs. Sans doute avait-elle perçu son aversion des conflits ! Elle résistait avec brio à l'expression naturelle de ses exigences personnelles. Elle le laissait croire, tant elle paraissait conciliante, qu'elle ne représentait aucun obstacle à la vie qu'il menait. « *C'est la femme de ma vie !* » pensa Denis.

A posteriori, Denis réalise que malgré la passion qu'il vivait à l'époque, le fait d'avoir « traîné » trois ans avant de l'épouser avait un lien avec son sentiment obscur que « quelque chose n'irait plus ». Mais il ne pouvait préciser quoi…

Remarquons toutefois qu'une forte proportion de la population est paradoxalement méfiante vis-à-vis du bonheur. Lorsque certaines personnes se sentent bien ou heureuses, le sentiment du « tout cela ne durera pas » vient les tarauder. Il s'agit le plus souvent d'un sentiment profond relié à la fausse croyance qui insinue « qu'on ne mérite pas d'être heureux ». L'idée que le bonheur ne dure pas et l'attente d'un événement malheureux **peut** aussi expliquer que Denis ait attendu avant de s'engager.

Peut-être redoutait-il inconsciemment que quelque chose finisse par venir briser cette idylle ?

Denis résume : *« Même si elle avait une autre logique que la mienne, dans l'ensemble, j'étais satisfait. Il n'y avait aucun obstacle à mes désirs. »* Pourtant, Denis fait un effort pour se souvenir de cette époque. La princesse avait déjà des comportements *d'enfant gâtée.* Très capricieuse, elle piquait des colères. S'il la contredisait, elle faisait des scènes, parfois violentes ; particulièrement quand il fréquentait quand même un ami qui ne lui plaisait pas à elle.

Voici le témoignage d'un autre homme.

Brice a vécu sept ans avec C. Ils se sont rencontrés au travail. L'attirance était mutuelle. Leur relation amoureuse débuta une semaine après leur rencontre. À l'époque, Brice avait 21 ans. La vie avec C. semblait lui garantir **l'indépendance** qu'il souhaitait conserver. Sa vie affective était plutôt chaotique, probablement à cause d'un manque d'amour et de reconnaissance paternels très marqué. Pour la première fois, il se sentait bien auprès d'une femme prévenante. Cependant, un ultimatum récurrent de la part de C. semblait détonner dans cette harmonie : *« Je vais avoir 31 ans. Je veux avoir des enfants. Soit tu en fais avec moi, soit on se quitte ! »* Brice l'aimait, mais ne se sentait pas prêt à avoir un enfant. En aucun cas, il ne souhaitait se séparer de C. non plus.

« Elle m'a fait trois enfants dans le dos ! Je n'ai su qu'elle était enceinte qu'après quatre mois de grossesse. Elle ne m'a pas prévenu de l'arrêt de sa contraception. Au moment où elle est tombée enceinte, TOUT A CHANGÉ ! » *A posteriori,* Brice est convaincu de n'avoir été qu'un père géniteur pour C.

À l'instar des expériences de Denis et de Brice, de nombreux hommes victimes de manipulatrices vivent un début idyllique, sans conflit, en préservant leur indépendance et en expérimentant un amour très sincère.

En revanche, de nombreuses femmes ayant vécu avec un manipulateur avouent que ce n'est pas l'amour qui les a jetées dans leurs bras, mais plutôt les raisonnements plus ou moins conscients émanant de principes sociaux ou moraux et bien d'autres croyances fort influentes…

LA FEMME RELATIVISE SES SENTIMENTS

Contrairement aux hommes, très peu de femmes attestent d'un sentiment amoureux initial à l'égard de celui qui s'avérera être le destructeur de leur vie. Beaucoup d'entre elles disent qu'on leur a forcé la main.

La relation avec un manipulateur n'est pas idyllique au début. Elles sentent que « quelque chose ne va pas », mais font fi de leur intuition pour tenter de se raisonner. **Qu'est-ce qui les précipite dans une relation qui ne leur convient pas ?**

Vive la sécurité !

Nadine a 57 ans. Elle s'est mariée à 24 ans : *« Je savais depuis le début de la relation que quelque chose n'allait pas, mais je ne savais pas quoi. L'amour m'a poussée au mariage : j'ai cru que cet homme me donnerait la sécurité. »*

Est-ce l'amour ou son « besoin » de sécurité qui a pris le dessus ?

Le « besoin » de sécurité est ressenti par de nombreuses femmes. Il s'agit autant d'une sécurité affective que d'une sécurité matérielle et financière. N'en déplaise à celles qui pensent que cela « ne se dit pas » !

L'idée que l'homme est responsable du confort matériel quotidien et du niveau de vie du couple ou de la famille est encore fréquente. Lorsque celui-ci semble être capable, par son statut socio-économique, d'apporter cette sécurité, beaucoup de femmes se rassurent au risque de mettre de côté les aspects relationnels essentiels à une vie heureuse. *L'argent ne fait pas le bonheur...* Certes, mais il influence la décision de rupture lorsqu'elle se manifeste comme une évidence. Il en est de même pour la participation purement pratique du conjoint masculin (il bricole et répare, il tond le gazon, il porte la voiture au garage, il déneige en hiver, etc.). Ces derniers aspects semblent anodins, mais c'est loin d'être le cas. La crainte de ne pas être capable d'assurer seule ce quotidien peut amener une femme à vivre avec un homme qui ne lui convient pas sur le plan affectif. La non-autonomie financière d'une femme accroît la dépendance à ces aspects.

L'argent ne fait pas le bonheur. Mais il peut y contribuer tout comme il peut participer à votre plus grand malheur!

Quelque chose ne tourne pas rond

Un dénominateur commun à tous les témoignages que j'ai reçus de la part de femmes plus jeunes est le sentiment indéfinissable que **«quelque chose» ne va pas dès le début**! Pour une raison encore incertaine, les femmes actuellement dans la cinquantaine ne m'ont pas spontanément confié ce sentiment. Cette phase de séduction est-elle trop lointaine pour laisser des traces?

Charlotte, 34 ans, avait déjà deux petites filles lorsqu'elle fit la connaissance de R. à 30 ans. Se sentant en manque de tendresse et de soutien, elle se laissa convaincre par une amie de rencontrer celui qui allait devenir son mari malgré ce qui suit: *«J'ai trouvé que quelque chose n'allait pas du tout dans ses comportements. C'est très difficile à définir. D'ailleurs, il ne m'attirait absolument pas lors de notre première rencontre. Ni son physique ni sa mentalité ne m'attiraient. Je m'en suis voulu de ce jugement si rapide et nous nous sommes fixé un deuxième rendez-vous.»*

Dès la deuxième rencontre, pourtant, Charlotte est surprise par son empressement. D'une part, il lui annonce déjà qu'elle est la femme de sa vie et qu'il l'aime, et d'autre part: «*J'ai de très grands projets pour toi !*» Il boit beaucoup et prend des antidépresseurs. Charlotte poursuit: «*Il explique que s'il peut parfois paraître bizarre, c'est à cause des médicaments. Il ajoute que cela ne tient qu'à moi qu'il se sente mieux et qu'il élimine ses doutes. Que mon amour va le sortir de sa dépression (il explique que cette dépression a été provoquée par une rupture sentimentale). À la troisième rencontre, il annonce devant une de ses amies qu'il va m'épouser! Je lui fais alors remarquer que je ne suis pas du tout prête à cela.*

«Il était vraiment adorable, serviable, gentil, très doux, et il ne cessait de dire que la seule chose qui comptait pour lui était de me rendre heureuse. Il me répétait que je pouvais compter sur lui et ne plus me soucier de rien. J'ai très vite découvert quelque chose d'étrange: son comportement ne collait pas avec ce que je ressentais. J'avais toujours l'impression qu'il mentait. ***Il me disait chaque jour*** *que sa vie ne comptait que pour m'offrir de l'amour et du bonheur. J'allais être la femme la plus gâtée et chérie de la terre. Que j'allais vivre dans un cocon d'amour et de paix, ne plus manquer de rien… J'étais terriblement mal à l'aise avec lui, mais je ne pouvais rien prouver à l'époque. Alors je me disais "Enfin, Charlotte, tu rêves! Tu vois bien qu'il est tendre et attentionné. Tu n'as rien à lui reprocher!"*»

Agnès, elle aussi, tente d'analyser ses sensations du début. «*C'était passionnel, surtout de mon côté. J'étais partagée entre l'envie de continuer cette relation et l'envie de la terminer. Je n'aurais pas pu dire pour quelle raison, mais je sentais confusément que quelque chose ne fonctionnait pas normalement. Je suis habituellement quelqu'un de très autonome, et pourtant j'étais comme une droguée, en manque. Chaque fois qu'il s'éloignait de moi, je le relançais. Je ne pouvais m'en empêcher. Je pense que* ***l'envie d'avoir un enfant*** *a occulté les signaux d'alarme que j'aurais dû normalement percevoir.*»

Quand la répulsion attire…

Parfois, la première impression crée plutôt la répulsion.

Sylvie, enseignante, dit en parlant de celui qui allait devenir le père de son fils : *« Lorsque je l'ai vu sur le quai de la gare, ma première impression a été négative. Sa démarche et sa manière de prendre les enfants en main ne m'ont pas plu. J'ai alors pensé : " Quel ours ! " »*

Ils étaient animateurs d'un camp de vacances pour enfants. L'ambiance étant sympathique et chaleureuse, ils se sont parlé. Puis, ils ont passé des jours et des nuits entières à refaire le monde, à parler de tout et de rien. *« À l'époque, j'étais surprise de voir qu'un homme pouvait établir une relation avec une femme sans tenter d'aller plus loin. Nous nous sommes ainsi côtoyés pendant trois semaines. À la fin de notre contrat au centre, nous avons échangé nos adresses sans rien nous promettre. Je suis partie en vacances chez mes parents et je l'ai appelé. Il m'a alors proposé de venir dîner chez ses parents dès mon retour. J'ai accepté. C'est alors que nous avons commencé à sortir ensemble. »*

« La première fois que je l'ai vu, se souvient Julien, jeune décorateur homosexuel, *mon sentiment était que A. n'était pas quelqu'un qu'on avait envie de côtoyer. Beau garçon, il ne cessait de se regarder dans tous les miroirs d'une façon narcissique. Son ex-compagnon, que j'aimais beaucoup, venait de se suicider. Je me méfiais de A. et pourtant, il a réussi à m'ensorceler. Comment ? Par ses* ***discours séduisants*** *sur sa conception des relations. Finalement, il me disait tout ce que j'aimais entendre. Il se montrait charmant. »*

Le poids des croyances

Dans la plupart des témoignages féminins, peu de sentiments transparaissent. Devrions-nous interpréter cela comme l'inexistence d'un sentiment d'amour réel ? Ou bien comme une minimisation, voire un refus, *a posteriori,* de l'existence de sentiments amoureux au début de la rencontre ? Qu'est-ce qui, dans ce cas, influence la femme ? Certes, nous avons vu qu'elle est fortement sensible aux signes extérieurs et superficiels stimulant son imagination. C'est l'effet « prince charmant ». Mais encore ?

Quand j'introduis l'idée d'une dépendance aux données extérieures, je pense d'une part à l'influence des **croyances générales** du type « une femme bien ne doit pas rester sans homme » (cautionnées inconsciemment par l'intéressée elle-même). D'autre part, la **pression des parents, des amis** *ou du manipulateur lui-même* a son rôle à jouer dans de nombreux cas.

Monique a connu son futur mari, de sept ans plus âgé qu'elle, lorsqu'elle avait 19 ans. Actuellement, Monique en a 45 et travaille comme secrétaire. Elle a récemment divorcé. Elle raconte : « *À l'époque, j'étais très timide. Je me trouvais laide. C'est le premier qui m'a regardée. Je n'avais pas vraiment d'amis. Il imposait ce qu'il voulait. Au début, j'étais amoureuse. Trois à quatre mois après notre rencontre chez les scouts, nous sommes sortis ensemble. C'était la première fois pour moi. Ma mère nous incita très rapidement à nous fiancer, hantée par l'idée que je tombe enceinte. Un an plus tard, J. était très pressé de se marier. Il se disait déjà trop vieux. À cette époque, je n'étais pas majeure à 20 ans* (l'âge de la majorité était 21 ans et elle n'était pas enceinte non plus !) *et mes parents ont signé mon mariage à la mairie.* »

Monique fait partie de ces nombreuses femmes qui subissaient, à une époque encore récente, les pressions familiales et les obligations morales, souvent pour protéger « l'honneur de la famille ». Dans ce temps-là, ce critère semblait plus important que le bonheur conjugal.

Pour Diane, vivant seule avec son garçon de quatre ans, l'idée tenace de *« trouver un père à cet enfant »* émanait d'une de ses amies. Celle-ci organisa un dîner dans ce but.

« Je l'ai trouvé gentil mais sans plus », dit Diane, en parlant de l'homme qui deviendra son époux et que nous appellerons G. De

retour d'un voyage, deux mois plus tard, G. l'invite à dîner. Il se montre très gentil. Il se dit très renfermé, mais passe le dîner à la questionner. La relation s'enclenche. Ils vivront deux ans de vie commune. *« Notre relation n'était pas épanouissante*, avoue Diane. *J'avais subi une déception amoureuse avant notre rencontre. Il me disait qu'il me fallait du temps et que c'était normal. »* Plusieurs facteurs extérieurs lui font accepter le mariage :

1. la famille de Diane apprécie G. ;
2. son fils l'appelle « papa » ;
3. elle se dit : *« Mon fils sera heureux, c'est le principal. G. a l'air de tellement nous aimer, même si, pour moi, ce n'est pas parfait, ce n'est pas grave. Cela viendra peut-être. » ;*
4. il la complimente ; il trouve qu'elle s'occupe bien de son enfant et de son coquet appartement. Il dit qu'il est le plus heureux des hommes.

Mais G. s'avère être un manipulateur… avec 29 caractéristiques sur les 30 décrites ! La situation basculera le soir même du mariage. Ses goûts sexuels devinrent soudain des exigences, sans aucun respect des envies de sa compagne.

C'est parce que beaucoup de femmes éprouvent des difficultés à assumer seules le quotidien et qu'elles redoutent d'être mal perçues comme célibataires qu'elles s'engagent dans une liaison qui n'est pas nourrie par l'amour. Les principes du type *« Une femme ne devrait pas rester sans homme »* ou *« Un enfant doit avoir un père »* ont souvent le pouvoir de leur faire prendre une décision contre nature. À l'influence de telles croyances s'ajoutent celles liées aux attributs de séduction telles que l'originalité, une présentation impeccable, une bonne culture générale, un bon statut socio-économique apparent, etc.

De toutes ces descriptions concernant la première phase d'emprise, nous retenons plusieurs observations.

1. Le lien amoureux qui se crée avec un manipulateur semble différent chez l'homme et chez la femme.
2. L'homme semble plus attaché à son indépendance personnelle, pendant que la femme se montre plus sensible aux avis extérieurs, donc plus dépendante.
3. Rien ne laisse présager que la relation basculera en une descente aux enfers. La phase de séduction peut durer plusieurs années, jusqu'à ce qu'un événement survienne, marquant un engagement plus concret (mariage, enfant, logement…). Autrement dit, la phase de *rencontre-séduction-début de vie commune* ne permet pas encore de déceler, avec lucidité, le type de personnalité pathologique de la personne qui est entrée dans notre vie. Les hommes victimes vivent même sur un petit nuage.
4. Pratiquement toutes les personnes victimes d'un(e) amoureux (se) manipulateur(trice), voire pervers(e), ont eu une intuition : « Je savais que quelque chose n'allait pas, mais je ne savais pas quoi. »
   L'homme manipulateur peut se présenter comme un être charmant et gentil. Mais on peut aussi avoir une impression tout à fait inverse de lui, impression qui créera de la répulsion. Seulement, cette dernière ne dure pas !
5. Les phases de rencontre et de séduction remontent à 20, 25 ou 43 ans pour certains témoins ! À l'époque, aucune information ne circulait dans le grand public sur les mécanismes pervers d'une relation amoureuse ou sur l'existence même de personnages destructeurs ! Les enseignements de la psychologie étaient moins accessibles qu'aujourd'hui.

QUE FAIRE ?

Lorsque vous avez le sentiment profond que *quelque chose ne va pas chez l'autre* ou *dans votre relation avec lui (ou elle),* attendez, observez, discernez, choisissez… malgré les pressions extérieures ou les contingences matérielles.

Si aucun progrès et aucune transformation mutuelle ne sont possibles : sachez partir à temps !

CHAPITRE 3

Quand on s'engage, on va jusqu'au bout !

Vient un jour où les pressentiments s'avèrent exacts. Tous les témoignages d'hommes et de femmes victimes d'un manipulateur montrent que les attitudes du prince ou de la princesse **changent radicalement quand un événement engage les protagonistes du couple,** comme :

- le mariage ;
- la grossesse ou la naissance d'un premier enfant ;
- la vie sous le même toit ;
- l'achat d'un logement commun.

MAINTENANT QUE NOUS SOMMES MARIÉS...

Pour la plupart des hommes et des femmes ayant déjà vécu ensemble, le mariage est considéré comme une continuité sur le chemin de l'engagement. De nos jours, la pression sociale étant moins forte, rien n'oblige à se passer la bague au doigt pour vivre sous le même toit. Nous pouvons donc supposer que l'amour et le désir de sceller officiellement une union sont les principales motivations. Ce n'est pas toujours le cas, comme nous l'avons vu au chapitre précédent. Pour un manipulateur ou une manipulatrice, le mariage n'est qu'une marque : celle de la *fin du processus de séduction* et celle du *début de la deuxième partie de la phase d'emprise.* Les efforts de séduction effectués jusque-là s'effondrent à une vitesse vertigineuse !

Alors qu'ils vivaient ensemble depuis deux ans, **la nuit de noces** de Diane et G. fut le point de départ d'un engrenage diabolique. Le premier terrain sur lequel ce processus irréversible opéra dans leur couple fut celui de la sexualité. G. se mit à imposer à sa partenaire des actes sexuels qui, selon lui, étaient de l'ordre du **devoir**. Il décidait et elle devait obéir !

L'enfant de Diane ressentit également le malaise. **Quinze jours après le mariage** de sa mère, il dit à celle-ci : *« J'en ai marre de ce père-là ! Tu n'as qu'à le changer ! »* Diane ajoute : *« J'ai compris que j'avais fait une erreur, mais il me semblait qu'il était trop tard. »*

La description de l'engrenage dans lequel Diane se croit prisonnière nous renseigne sur les modèles de pensées (cognitions) mis en place pour fabriquer ses propres chaînes. Lorsqu'elle se dit : *« c'est trop tard »*, elle obéit à la croyance suivante : *« Quand on commence quelque chose, on va jusqu'au bout. »* À présent, elle mesure à quel point de telles cognitions (croyances, pensées, interprétations) ont pu être néfastes et l'empêcher d'agir rapidement. Elle ajoute : *« Au début, je n'osais pas envisager le divorce. Cet homme avait pris femme avec enfant. Il était donc* **bon** *et je ne pouvais être que* ***mauvaise*** *! Ensuite, nous avons acheté une maison. Je travaillais* (Diane est cadre administratif dans un hôpital), *mais j'avais du mal à boucler les fins de mois et j'étais persuadée d'être incapable d'assumer seule mes dépenses. G. répétait : " Tu ne sais pas équilibrer ton budget "* et *" Tu dépenses trop pour ton fils. " Je finissais à ses yeux par être tout à fait timorée et bonne à rien. Toutes les décisions que je prenais sans lui demander son avis m'étaient aussitôt reprochées. J'en étais arrivée à ne plus oser prendre de décisions, ce qui lui donnait l'occasion de me dénigrer* *davantage avec des remarques comme : "Ma pauvre fille, tu n'es même plus capable de faire les courses toute seule !" »*

Que Diane prenne des décisions seule ou non, elle rencontre, dans les deux cas, la réprobation de son mari.

Pour Denis, l'engagement par le mariage relève d'une décision mûrement réfléchie. Cette femme qu'il connaît depuis trois ans lui offre (semble-t-il) une vie si satisfaisante que le mariage devient une issue logique. Là encore, le masque tombe et les portes se referment sur eux : *« Petit à petit,* dit-il, *elle a tissé sa toile. Du "oui" total, elle passa au "non" absolu. Voici ce que je devais comprendre de mon engagement dans le mariage avec elle.*

- *"Quand on est marié, on ne va plus voir ses copains."*
- *"Quand on est marié, on ne va plus au café."*
- *"Quand on est marié, on travaille et on construit."*
- *"Quand on est marié, on amasse beaucoup d'argent pour plus tard."*
- *"Tu n'es plus un jeune homme."*
- *"On ne sort plus et on part moins en vacances : l'avenir est incertain."*

Aussi absurdes que ces principes puissent paraître, Denis valide ces règles qu'il pense socialement admises. Il s'y soumet donc avec peu de résistance.

L'ENGAGEMENT DU SAUVEUR

Combien d'entre nous aimons l'autre pour le sauver de lui-même ? Combien se sentent tenus de poursuivre une relation amoureuse lorsque leur partenaire semble trop vulnérable pour résoudre seul ses problèmes ? Cette prise en charge ne nous donne-t-elle pas ce sentiment d'être utile, voire indispensable à l'équilibre de celui-ci ?

Un manipulateur sait comment se servir de cette corde sensible. Il sait se placer en victime. Victime de la malchance, des anciens conjoints, de la maladie, de la perte d'un être cher ou victime de nombreux autres déboires. Il fait appel à votre compassion. Il vous exprime sa faim d'amour et de soutien. Il sollicite votre patience, qui ne devrait pas avoir de limites… À cette étape, vos limites s'effacent tant vous mettez de l'énergie à ne pas faillir pour le garder à flots.

Adeline, 43 ans, me confie : *« Lorsque j'ai rencontré D., j'ai été frappée par son souci extrême de ne jamais donner une mauvaise image de lui-même. Il était en conflit avec son épouse. D. parlait de ses problèmes dans le seul but de s'attirer l'amitié et la compassion de son entourage. Il demandait de nombreux services qu'on n'osait pas lui refuser. Il majorait ses problèmes et dissimulait des éléments pour ne sélectionner que l'information susceptible de toucher son interlocuteur. »*

« À cette époque, je cherchais ma propre valeur dans le fait de l'aider, de devenir indispensable à sa vie quotidienne. Je désirais profondément créer une relation de complicité. Aujourd'hui, je m'aperçois qu'il avait les 30 attitudes du manipulateur.

« Au début de la relation, il me disait qu'il traversait une période telle (divorce) qu'il n'était plus lui-même. Il déplorait de n'avoir pu travailler sa thèse. Il affirmait que son ex-femme l'en empêchait en exigeant de lui une participation active à la vie familiale, ainsi qu'une présence constante. Je voyais qu'il était tourmenté : il venait de rompre avec son père (qui avait d'ailleurs témoigné contre lui à son divorce) et regrettait de n'être « que » professeur de lycée (il était brillant). Il se défendait d'être amoureux de moi et expliquait son envie de rompre tout en poursuivant notre relation. Certes, nous passions des moments agréables.

« Plus le temps passait, et plus des attitudes étonnantes apparaissaient. Je ne comprenais pas mes réactions figées, même lorsque mes propres enfants (trois) étaient concernés. D'impressionnantes crises survenaient lorsque je le remettais en cause. Alors, redoutant ses "explosions", je réglais les problèmes discrètement et calmement. Que je lui parle d'une simple

attitude, d'un geste déplacé, d'un comportement exagéré, ses réactions étaient toujours les mêmes : menaces de suicide, autodévalorisation ("Je suis nul", "Je n'aurais jamais dû naître", "Je suis une erreur de la nature", "Ma mère aurait dû avorter"), somatisations (mal au genou, maux de dos, maux d'estomac, froid intense et surtout insomnies). Et cela suivi d'une période de silence où tout dialogue était impossible : visiblement, il souffrait.

« Comme j'étais incapable de me détacher de D., j'endurais tout. J'étais consciente, entre autres, de ses comportements complètement hors normes, de son égocentrisme et du décalage entre ses raisonnements et ses attitudes. Par exemple, il lisait Freud et Lacan, mais était totalement incapable de faire preuve d'un brin de psychologie lorsque la vie quotidienne le nécessitait. Il disait par exemple : "Ma fille ne m'aime pas" lorsque cette dernière manifestait un désaccord.

« Je souffrais, mais j'essayais de ne pas le montrer et de l'aider du mieux que je pouvais afin de me faire aimer de lui, afin aussi de le stimuler. Les enfants et moi étions sa raison d'être. Sans nous, il se suiciderait. Il exerçait une forme de chantage insupportable, disant qu'il n'avait pas de racines, que son père l'avait renié, que ses enfants ne l'aimaient pas, qu'il avait perdu sa maison avec le divorce et que, sans racines, il ne pouvait construire une vie de couple avec personne. C'est ainsi que je lui ai construit un appartement, accolé à ma maison, appartement que je lui ai cédé à un prix dérisoire.

« Les menaces de suicide étaient aussi très fréquentes. Il s'était débrouillé pour être en congé de maladie afin de terminer sa thèse. Les somatisations étaient nombreuses et il ne participait d'aucune façon aux tâches ménagères. J'excusais tout. Si j'avais le malheur de lui demander de ramasser les miettes qu'il avait laissées sur le comptoir de la cuisine, il répondait : "Je ne supporte pas que tu mettes en doute ma façon d'agir ! C'est un reproche que me faisait ma femme avant." J'étais mortifiée et me sentais coupable chaque fois que j'émettais une remarque, même gentiment. Comme je l'ai déjà mentionné, des périodes de mutisme suivaient ce chantage affectif et pouvaient durer jusqu'à trois semaines. »

Ce témoignage d'Adeline démontre bien la précision du procédé de victimisation mis en place par le conjoint manipulateur. Adeline se veut différente de l'ex-épouse de D. Elle veut lui prouver qu'elle comprend ses souffrances et qu'elle entend y mettre un terme par ses attitudes protectrices. Mais il n'y a pas que l'aspect comportemental qui entre en jeu (son excès de gentillesse, de diplomatie et son altruisme). La souffrance du partenaire lui est carrément intolérable. Elle y fait face quotidiennement (en vain, semble-t-il) au détriment de l'écoute de ses propres frustrations et souffrances. Elle se donne l'illusion de moins souffrir en prodiguant des soins à l'autre.

Voici un exemple analogue.

Pauline est une femme de 40 ans, dentiste de profession, mère de trois enfants (7 ans, 5 ans et 18 mois). Le père de ses enfants était le professeur de musique de Pauline. Ce dernier a 10 ans de plus qu'elle. Il répond à 28 caractéristiques du manipulateur ; manipulateur que je qualifierais de pervers. Pauline s'est engagée dans la première phase de cette relation avec une attitude de secouriste auprès de cet homme perturbé et dépressif. Il pesait 25 kg de trop et était très mal dans sa peau. Pauline avait 30 ans et réussissait dans sa profession. *« J'ai vraiment joué l'infirmière pour lui à cette époque. J'étais très indépendante ; le mariage n'avait aucun attrait pour moi, ni même de signification symbolique. Quelque part, je savais que ce mariage n'allait pas durer. Poussée par lui, pour le rassurer et le sécuriser, j'ai quand même accepté de l'épouser. »*

Pour le conjoint pervers de Pauline, le mariage lui octroie de nouveaux droits. Ainsi, il lui assène sans cesse : *« Si tu m'aimes, il faut que tu me le prouves. »* Sa jalousie devint terrifiante, au point qu'il exige qu'elle élimine toute trace de son passé. Non seulement les lettres et photos de ses ex-amants, mais aussi de tous ses amis et autres relations. Il lui a même demandé de déchirer la lettre d'une personne la félicitant de sa réussite à une course de voile ! Le harcèlement ne fait que commencer. Pauline, inconsciemment en proie à son désir de ne pas lui déplaire, obtempère de mauvaise grâce... et reste auprès de lui. Elle explique : *« Je ne me sentais pas bien dans cette relation, mais je ne voulais pas la regarder en face. C'était la première fois que je construisais quelque chose et j'avais du mal à faire le point.»*

En psychologie, nous appelons l'attitude générale d'Adeline et de Pauline, le «syndrome du sauveur». Ce dernier veut aider l'autre aux dépens de lui-même. La relation est dès le départ déséquilibrée, même si la distribution du pouvoir est rapidement inversée. L'engagement du sauveur est psychologique et affectif. Nul besoin d'un contrat officiel (comme le mariage) pour que les liens qui retiennent le sauveur soient suffisamment puissants.

Josette Stanké, psychothérapeute québécoise, écrit dans *Les liens de l'amour*[3]: «Freud attribuait au contentement de la libido ce qui nous liait. On avait toujours pensé que l'attachement dérivait de la satisfaction que l'autre nous donnait.» Nos observations cliniques semblent effectivement nuancer ces conceptions. Nous rejoignons son propos lorsqu'elle dit: «Aimer trop est une distorsion affective qui rend débordant de sollicitude, de dévouement, d'attention envers une personne tandis qu'on est de bois envers soi-même. Faire de l'autre son centre de gravité, sa raison d'être, sa tâche quotidienne, est une manière de l'assiéger, de s'assurer sa présence, d'envahir sa vie. C'est un amour qui n'a pas l'assurance qu'il pourrait être réciproque.»

MARIAGE PROMIS, CHOSE NON DUE!

À la différence de ceux qui utilisent le mariage pour faire valoir des droits sur le conjoint, certains partenaires font miroiter leur désir de vous épouser, mais évitent soigneusement le moment de la signature.

3. Collectif dont Josette Stanké: «Être à deux ou les traversées du couple», *Les liens de l'amour,* Paris, Albin Michel, 1993.

France raconte, elle aussi, que les choses ont évolué avec son compagnon à la naissance de leur première fille, la quatrième année après leur rencontre. France, déjà mère de deux enfants, était divorcée.

*« À l'annonce de ma grossesse, il y a eu un vague projet de mariage qui n'a pas abouti. Sans doute à cause de notre manque d'initiative à tous les deux. Moi-même, je n'étais pas prête à me remarier si vite. Il me reprochait souvent ce "non-mariage", disait que c'était ma faute s'il n'avait pas eu lieu. Il en a même parlé à ma mère. Cette dernière m'a alors demandé pourquoi je ne voulais pas épouser "ce pauvre Vincent" ! En fait, je me souviens avoir "testé" Vincent un jour en fixant avec lui sur nos agendas respectifs une date de mariage. J'ai attendu jusqu'au lendemain pour lui dire : "**C'était hier !**" Cela prouvait bien qu'il en faisait lui aussi peu de cas ! »*

Trois mois après leur rencontre, Sylvie fut, quant à elle, plutôt intriguée lorsque P. la demanda en mariage.

« J'ai tenté de lui faire comprendre que nous étions jeunes, nous connaissant à peine, encore étudiants. Nous pouvions attendre avant de prendre cette décision. Rien ne le faisait changer d'avis. J'étais la femme de sa vie. L'âge n'y faisait rien. Il avait connu de nombreuses femmes avant moi et il savait que c'était moi et pas une autre. J'ai fini par être flattée et j'ai accepté, heureuse de faire des projets d'avenir. Nous avions prévu de nous fiancer en décembre, pour les fêtes de Noël.

« Or, la fin de l'année arrive sans que le sujet ne soit abordé. Après les fêtes, P. me donne pour prétexte ses études (examens à préparer, stages à suivre, etc.) pour prendre ses distances. Nous nous voyons beaucoup moins souvent. Compréhensive, je le laisse étudier en me disant qu'il a besoin de temps. L'été arrive. Il passe ses examens avec succès, et est embauché comme steward dans une compagnie aérienne. Je lui parle de nouveau de nos projets. Il essaie alors de me convaincre qu'il ne m'a jamais demandée en mariage ! J'en suis tellement abasourdie que je ne

réagis pas de manière virulente. Au contraire, rassurée par la suite de son discours, je lui trouve des excuses. Il me dit que tout ce qu'il fera à partir de ce jour sera pour nous deux, que nous allons en profiter, voyager, être heureux. Je l'ai cru en me disant qu'il était jeune. Il réalisait sûrement que sa demande était précoce et qu'il pensait qu'il serait préférable de patienter pour en profiter un peu... Peut-être avait-il pris en compte mes propres objections antérieures. »

Cette attitude mensongère fut tout de même un choc pour Sylvie. Il lui fit une autre demande en mariage le jour où Sylvie lui annonça sa grossesse. Cette fois, Sylvie lui répondit que s'ils devaient se marier c'était par amour, et non pour la venue d'un bébé. Le sujet est resté définitivement clos. Jamais ils ne se sont mariés.

Une des caractéristiques des personnalités manipulatrices est la versatilité (être versatile = être changeant, inconstant). Il nous arrive à tous de changer d'avis : il ne s'agit pas pour autant d'une manœuvre. Nous admettons que nous venons de changer d'idée et sommes capables d'expliquer les raisons qui nous ont poussés à agir ainsi. Les manipulateurs, eux, n'avouent jamais qu'ils ont changé d'avis. Ils n'hésitent pas une seconde à vous accuser d'inventer une version *qu'ils ignorent totalement*. Ils vous jurent qu'ils n'ont jamais dit cela ! Vous avez mal compris, mal entendu, pas écouté ou bien vous avez tout interprété de travers ! Cette attitude est l'une des plus ***déstabilisantes*** pour l'interlocuteur. Celui-ci se demande alors s'il ne devient pas fou, car le plus souvent, dans la relation de couple, les témoins sont absents.

LA PERSISTANCE MALGRÉ LES ALERTES

De nombreux signaux d'alerte ont étayé la relation entre Sylvie et P. (ce dernier est un manipulateur avec 27 caractéristiques).

Voici des détails reliés à la vie de Sylvie à cette époque qui vont nous permettre de constater comment P. la menait en bateau.

Un an après leur rencontre et après l'épisode du mariage « oublié », Sylvie se découvre une maladie sexuellement transmissible. Elle n'a d'abord pas cru le diagnostic médical. Que se passa-t-il ensuite ?

« Je téléphone à P. qui fait son service militaire. Il nie tout en bloc. Plus tard, au téléphone, sa mère me demande même si ce n'était pas ***moi*** *qui avais eu d'autres relations ! Le ciel me tombe sur la tête. J'ai pleuré des nuits entières à force de me demander si je devais persévérer* (le manipulateur ment. Il utilise des intermédiaires : sa mère). *Lorsque enfin nous nous voyons, je lui demande des explications plus précises. Il me répond alors : "Pourquoi reparler de tout cela ? Ce n'est pas la peine d'en faire un drame !" »* (Le manipulateur n'avoue pas, il nie les évidences, s'échappe de la discussion, dénature l'aspect d'une situation vécue de façon différente par son interlocuteur.)

Sylvie note, *a posteriori,* que c'est à ce moment-là qu'elle aurait dû prendre la décision de rompre.

« Il pensait uniquement à lui. À cette époque, il ne me donnait jamais de nouvelles lors de ses escales. Il est rentré de vol une semaine plus tard que prévu sans me donner un coup de téléphone. J'étais très inquiète. Je n'avais aucune façon de le joindre : aucun numéro de la compagnie, ni des hôtels où il descendait. En ce temps-là, il me racontait des ***histoires*** *du genre : "il n'existe pas de téléphone sur place" ou bien "impossible de faire l'indicatif de l'international" (nous étions en 1990 !). J'ai aussi découvert, tout à fait par hasard (grâce à la femme d'un collègue), que j'avais droit, en tant que conjointe, à des billets gratuits sur les vols de la compagnie aérienne pour laquelle P. travaillait. Celui-ci m'avait toujours affirmé qu'il fallait être mariés pour avoir droit à ces avantages. Malgré cela, nous ne sommes pas partis en voyage plus souvent. Manque d'occasions, manque d'argent, selon lui. Son leitmotiv était : "Je n'ai*

pas envie de reprendre l'avion pendant mes vacances, j'aurais l'impression de retourner travailler. " Quand je lui confiai que j'aimerais visiter l'Égypte, il me rétorqua : " Tu serais déçue : le sphinx est beaucoup plus petit qu'on pourrait le croire et la ville est trop proche des pyramides. " Autre fait marquant, poursuit Sylvie, *lorsqu'il rentrait de vol, il n'apportait jamais de cadeaux pour moi. Toujours pour lui, parfois pour ses parents, son frère ou sa sœur. Je me faisais un point d'honneur de ne rien réclamer, ni billets d'avion ni cadeaux, afin qu'il comprenne que je l'aimais de façon désintéressée. Je pense maintenant avoir fait partie des meubles. Il tenait rarement compte de ce que je lui disais et nous ne faisions guère d'activités et de sorties ensemble. La situation n'a fait que s'aggraver par la suite. »*

À travers ce témoignage, on peut penser que P. menait une double vie. Même si la vérité fait mal, on peut la déceler sous des attitudes exprimant un « désintérêt affectif ». Cette vérité, vous ne l'obtiendrez jamais d'un manipulateur ou d'une manipulatrice. Car ce dernier joue sur plusieurs tableaux à la fois. Objectif : ne rien perdre. Ni sa proie, devenue apparemment transparente, encore moins l'idée que se fabriquent les gens à son sujet. Si vous exprimez vos doutes sur sa fidélité, il s'insurge en vous traitant de fou ou en vous accusant de le tromper, lui ! Si vous lui dites que vous vous sentez délaissé, il vous jure qu'il n'aime que vous. Et vous pensez que son amour n'a pas de prix...

LA NAISSANCE D'UN ENFANT

L'acte officiel du mariage est un tel engagement que nous pourrions parler de piège suprême. Hélas, non. Le piège suprême est de concevoir un enfant avec celui ou celle qui mettra tout en œuvre pour vous détruire ! Avis aux amateurs ! D'autres l'ont « testé » pour vous et nous vous dévoilerons les résultats de ce « test » au cours de cet ouvrage.

La naissance du premier enfant conçu avec le manipulateur constitue un renforcement du lien, plus puissant encore que celui du mariage. D'après de nombreux témoignages de femmes (pas celui des hommes), la sécurité matérielle joue aussi un rôle plus important qu'on ose se l'avouer.

Sylvie poursuit : « *Étant donné l'attitude de mon conjoint pendant toute ma grossesse, je me suis demandé ce que j'allais faire. Je passais ma grossesse chez mes parents, alitée. P., quant à lui, habitait dans sa famille, sous prétexte d'économiser en attendant la fin de la construction de la maison. Ses visites étaient alors* ***très*** *épisodiques... P. était si peu présent, si peu attentionné que je me disais qu'après l'accouchement, je devrais m'en séparer. Or mon fils allait naître prématurément à sept mois et demi.* ***Je me suis alors dit qu'élever un enfant seule serait lourd à gérer,*** *surtout dans le cas où il aurait un handicap.* ***Une maison en construction, un bébé qui allait naître****... Pourquoi tout interrompre ? Des projets qui tomberaient à l'eau à cause de moi. Peut-être devrais-je persévérer et tenter de vivre dans cette maison. Aussi, après de nombreux problèmes de santé que mon fils et moi vivions tous les deux en même temps, j'ai décidé d'emménager à la campagne, durant l'été, dans cette grande maison peu confortable. Seuls les murs étaient montés. Pour minimiser les frais, nous devions tout bricoler nous-mêmes. Pas de salle de bain, pas de carrelage (du lino posé sur la plaque de béton), ni papier peint... aucun placard ! Tout cela avec un bébé d'un mois ! À partir de ce moment, ce fut, plus qu'à tout autre moment, le déclin. En effet, travaillant au loin, P. était très rarement à la maison. Mon fils avait souvent des problèmes de santé. Cette maison n'offrait aucun confort : panne d'électricité, inondations, mauvais chauffage, travaux en suspens. Je me retrouvais souvent seule à faire face à tous ces problèmes. En changeant de région, j'ai aussi dû me faire une nouvelle place dans un établissement scolaire* (Sylvie est professeur). *Changement de vie, de collègues, de voisinage, éloignement familial, problèmes de logement... et, malgré tout, je persiste.*

« Pendant ce temps, P., tant physiquement que sur le plan affectif, paraît très détaché de ce quotidien. Lorsqu'il revient de voyage, il dort ou bien s'enferme des heures entières dans son bureau. Il parle sans arrêt de projets, se lance dans la vente par multiniveaux (Herbalife, Quorum, etc.). Il achète des produits, mais ne les vend pas ! Il trace des graphiques, en m'expliquant qu'avec le parrainage de "x" personnes, il prévoit gagner "tant" d'argent. Velléitaire, il commence des travaux qu'il ne finit jamais. La maison ne se transforme guère et les problèmes d'argent s'accumulent. Paraît-il que JE *dépense trop... que les travaux n'avancent pas parce que je ne l'aide pas...*

« Qu'à cela ne tienne, voulant voir la maison confortable, je me suis dit que je ne serais pas responsable d'un camp de vacances pour les enfants en été et que je resterais plutôt à la maison pour faire avancer les travaux. Pleine d'espoir, j'entreprends donc l'achat de matériaux. Lorsque P. revient de voyage, je lui dis : "Demain matin, je partirai tôt pour acheter les portes des placards, le carrelage, la peinture, etc. Pendant ce temps, avec ton frère, tu prépareras (ceci, cela)... " Je reviens à 16 h avec une voiture pleine à craquer. P. est au lit ! Son frère applique la première couche de peinture dans la salle de bain... Jour après jour, tout au long de l'été, P., prétextant une grande fatigue, se lève en milieu d'après-midi, se met à l'ouvrage vers 18 h et arrête à 20 h. Pendant ce temps, je peins les portes... Je me suis vite rendu compte que malgré ses reproches, l'aide que je lui apportais ne le motivait pas davantage. Cinq ans après, toujours pas de salle de bain ni de placards ! »

L'extrait de l'histoire vécue entre Sylvie et P. nous enseigne que, malgré l'accumulation de faits rédhibitoires (censés constituer un obstacle à la poursuite de la relation), nous sommes capables de persister dans l'espoir qu'un changement d'attitude s'opère chez l'autre. Nous persistons *à cause* de notre amour et à force de puiser dans notre énergie qui, souvent, nous épuise.

QUE FAIRE ?

La possibilité d'un vrai dialogue avec un menteur est un leurre. Faites l'essai, vous verrez. Faites confiance à ce que vous observez et à ces faits bizarres qui vous font souffrir… Apprenez à détecter les contradictions entre son *discours* et ses *actes.*

Chapitre 4

La vie en couple ou le début de l'isolement

IL CRITIQUE CEUX QUI VOUS ENTOURENT

Pour mieux exercer son pouvoir, le conjoint manipulateur tente, par des moyens subtils et progressifs, d'éliminer de votre entourage toute personne pouvant représenter un danger pour lui, c'est-à-dire un contre-pouvoir : médecin, psychothérapeute, mais surtout, vos amis et certains membres de votre famille. Il ne l'interdit pas ouvertement, mais vous suggérera de ne parler à personne de « vos problèmes de couple, qui ne regardent pas les étrangers ».

C'est ainsi que Raymonde a reçu l'ordre de son mari manipulateur (26 caractéristiques) de ne pas divulguer à leurs filles (adultes) la découverte récente de la maladie dégénérative dont elle est atteinte. Le mari pensait ainsi protéger ses enfants et préserver sa dignité !

Il se peut que vous partagiez avec bon nombre de personnes *cette croyance que « rien ne doit sortir de la famille »*. Vous gardez donc le silence. Celui-là même qui renforce une autre impression : celle qu'on ne vous croira pas ou qu'on ne vous comprendra pas. Cette deuxième idée renforce en retour votre mutisme.

Le manipulateur fait le vide dans votre entourage pour constater ensuite que personne ne s'intéresse suffisamment à vous ! C., la compagne de Brice, lui disait qu'il ne se ferait **jamais** d'amis. Effectivement, il n'en avait pas. La prédiction n'était certes pas encourageante.

Tous les manipulateurs haïssent vos rares proches qui comprennent immédiatement à qui vous avez affaire. Leur hargne est décuplée envers celui qui serait bien capable de vous faire ouvrir les yeux dès la phase d'emprise. Cependant, votre meilleur ami ou un membre de votre famille peut avoir cette clairvoyance et ne pas oser vous en parler franchement. Vous êtes tellement en amour qu'il a peur de prendre le risque de se faire qualifier de « rabat-joie ». Vous pouvez aussi le croire jaloux de votre bonheur : après tout, ne venez-vous pas de découvrir le prince charmant ou la princesse de vos rêves ? Une telle interprétation risque de mettre en péril la pérennité de votre relation amicale.

Comment opère un manipulateur pour éloigner les autres de vous ou vice-versa ?

Il ou elle se montre désagréable avec eux :

- il les critique ;
- il les contredit avec adversité ;
- il leur fait perdre la face ;
- il reste muet ;
- il fait mine de n'être intéressé par aucune conversation ;
- il se montre impatient ;
- il prend la fuite ;
- il vous contraint à partir de chez eux plus tôt que prévu ;
- il arrive systématiquement en retard aux dîners.

Au contraire, il peut se montrer souriant et charmant dès que le public lui donne l'occasion d'être admiré. Puis, dans l'intimité, le masque tombe : les critiques sur les uns et les autres fusent. Qui peut le deviner ?

Dans une lettre adressée à son ex-femme manipulatrice, Angel écrit :

« Tu as toujours refusé de m'accompagner chez mes amis ou connaissances et de les recevoir, sauf une fois. Rien que pour m'irriter, tu as d'ailleurs monopolisé la conversation avec des platitudes. En revanche, tu trouvais parfaitement normal que je t'accompagne presque toutes les fins de semaine chez tes parents et que je me conduise en mari silencieux. Même scénario lorsque tu invitais tes amis, à moins qu'ils ne t'énervent et que tu te retires pour te coucher. Les rares fois où tu m'as accompagné chez des collègues, c'était par simple curiosité, ou parce que tu croyais pouvoir les épater ou, pire encore, pour profiter de l'occasion pour me mettre une fois de plus dans une position gênante. Ton refus de dernière minute de recevoir mon directeur m'a valu un sérieux conflit, dont tu t'es ensuite éperdument moquée. Comble de mauvaise foi, tu t'es souvent étonnée que je n'aie pas davantage d'amis ! »

Les amis de Denis se sont aussi mystérieusement éclipsés lorsqu'il s'est marié avec la femme avec qui il entretenait une relation en or depuis trois ans. *« Peut-être étaient-ils mal à l'aise avec elle ? »* suggère-t-il. Sûrement. Mais il y a plus. Elle répétait : *« Quand on est marié, on ne sort plus avec ses copains ! »*, ce à quoi il voulait bien croire « pour la bonne cause ». L'isolement était remarquablement renforcé.

« Les amis qui t'ont laissé tomber ne sont pas de vrais amis ! Les vrais amis ne font pas cela. Ils ne te méritent pas. Tu fais bien de ne plus les voir. D'ailleurs, j'ai aperçu ton grand copain J.-C. en compagnie d'une autre femme que la sienne ! Il ne faut pas fréquenter de tels copains. Ils vont te monter la tête et te donner tôt ou tard de mauvaises idées. » Ou encore : *« Tu ne les intéresses plus, sinon ils seraient avec toi. »* Cette attitude apparaît dès le début du mariage. Quand Denis cherchait à sortir, à s'amuser, à faire du sport, à voir des amis différents de ceux (manipulables) conseillés par sa femme, cette dernière disait : *« Tu vois des hommes mariés convenables qui font cela ?*

Non ! Tu es trop égoïste pour vivre en couple. Tu te crois encore un jeune homme (Denis avait 27 ans). *Regarde M. et J.-L., eux, ce sont des hommes, des vrais ! Ils restent dans leur foyer et travaillent dans leur maison, même le dimanche. Ils pensent à autre chose qu'à s'amuser comme des enfants ! »*

Malgré l'absurdité d'un tel harcèlement et la tristesse de perdre ses amis, Denis a obtempéré. Il avait l'impression de vivre aux côtés d'une personne grandiose et de ne pas être à la hauteur.

L'époux pervers de Pauline (28 caractéristiques) critiquait les amis qu'elle fréquentait. Celui-ci manquait de classe, celle-ci était trop idiote… Elle a fini par perdre ses amis. *« Il m'a fait la guerre pour que je rompe avec ma meilleure amie. Une relation de 25 ans. J'ai tenu bon, mais cela m'a valu d'énormes problèmes. »*

IL VOUS DÉNIGRE À VOTRE INSU

Le manipulateur vous choisit comme partenaire et pourtant, il est capable de donner une image déplorable de vous à son entourage. Il contribue d'une part à éloigner les autres de vous et, d'autre part, à vous déprécier indirectement. Tout cela en se faisant passer pour une victime afin de faire naître la compassion à son égard.

Dominique, jeune femme de 25 ans à l'époque, en fit les frais à son insu pendant un an et demi. Sa relation non maritale avec un pervers, médecin, dura deux ans et demi. Il réunit 27 des caractéristiques du manipulateur.

« Quand notre relation amoureuse a pris le relais d'une phase amicale, j'ai très vite senti que j'avais fait une erreur. Son comportement a subitement changé et il a commencé à tisser sa toile. Cet homme est une araignée. Je sentais les choses, mais sans pouvoir les expliquer de façon cohérente. Lorsque je cherchais des réponses, ma mère et ma grand-mère

tentaient de me rassurer par leurs principes du type "Une relation amoureuse demande beaucoup de concessions et de sacrifices" et "La vie de couple est difficile et c'est toujours à la femme de s'écraser". Cela ne me convenait pas, j'étais dans un trou noir. Mes amies étaient également assujetties à leur mari. Cela m'énervait d'ailleurs. Il faut dire que mon père était un détestable manipulateur paranoïaque. Où pouvais-je trouver d'autres modèles à l'époque ? Je découvris aussi un jour la raison pour laquelle **toutes** *les amies femmes d'Y. étaient désagréables, distantes, voire détestables et humiliantes envers moi. Leur hostilité était ouvertement marquée. C'était à se demander si je n'étais pas sujette à des délires de persécution ! Une de ces femmes appelle un jour à l'appartement que nous partagions au bout d'un an. (Je souhaitais que chacun ait son appartement, mais il m'a fait céder.)*

La femme : *Bonjour, j'appelle pour inviter Y. à dîner mercredi. Je ne t'y convie pas, car il paraît que quand on t'invite, tu ne veux pas venir.*

Dominique : *Pardon ? Là, je ne comprends pas.*

La femme : *Oui, il paraît que chaque fois qu'on veut t'inviter, tu fais des scènes à Y. et tu lui dis que tu ne veux pas venir chez nous, que tu ne nous apprécies pas, que tu ne nous aimes pas, que c'est une corvée pour toi… C'est donc pourquoi je ne t'invite pas.*

Dominique : *Je n'ai jamais dit cela ! Je ne sais pas de quoi tu parles.*

La femme : *Il y a un certain nombre de fois où on a invité Y. avec d'autres copains de l'association, mais il ne venait pas parce qu'il paraît que tu lui interdisais de venir et tu lui faisais des scènes.*

Dominique : *Je ne savais même pas que vous l'aviez invité avec d'autres copains ! Il faut tirer cela au clair, car c'est moi qui porte le chapeau. Est-ce pour cette raison que, depuis le début, tu es si agressive et désobligeante envers moi ? Je sens que tu es comme cela à mon égard, mais je ne sais pas pourquoi.*

Dominique commençait à comprendre l'origine de cette hostilité si régulièrement perçue. Le même soir, elle en fit part à Y. qui lui avoua : *« C'est vrai, leurs invitations ne me disaient rien. Les copains qu'ils invitent ne m'intéressent pas toujours. Alors plutôt que de refuser et de paraître désagréable, j'ai préféré mettre ça sur ton dos ! »*

Voici un rare exemple où le conjoint a le mérite de la franchise. Y. est un manipulateur pervers et conscient. Une sorte de prédateur extrêmement dangereux. Les manipulateurs sont certes des individus néfastes pour votre santé mentale et physique. La majorité des pervers sont parfaitement conscients de leurs actes. Ils réduisent à néant le conjoint. Ils font sans cesse des « tests » pour vérifier où se trouve le point de rupture de l'autre. Jusqu'où un individu peut-il supporter la dévalorisation, l'humiliation et la déchéance progressive ? Les pervers jouissent de ce spectacle. Leur raison d'être : prendre le pouvoir et posséder l'autre. Ils sont très friands de votre âme et ils ont faim. Très faim.

Dominique me disait : *« Vous estimez*[4] *qu'ils ne sont pas conscients. Je ne suis pas d'accord. Celui-ci était parfaitement conscient de ses actes. »* Je l'approuve. Son cas, que nous continuerons de suivre, trace une histoire amoureuse avec un vrai pervers de caractère. Un sadique. Mais d'après mes observations cliniques et de nombreux témoignages, je ne considère **pas tous les manipulateurs comme pervers ou sadiques.** Environ 20 % des manipulateurs seraient de vrais pervers de caractère (statistiques à revoir : le milieu psychiatrique scientifique manque de statistiques fiables à ce sujet).

Dominique a eu la preuve que son conjoint était bel et bien un manipulateur pervers le jour où son amie (qui était aussi sa voisine) lui fit une confidence. Cette femme, mariée elle-même à un manipulateur pervers, a été humiliée et même battue toute sa vie. Elle ne s'était jamais défendue, même juridiquement.

4. NAZARE-AGA, Isabelle, *Les manipulateurs sont parmi nous,* Montréal, Les Éditions de l'Homme, 1997.

Y. vint la voir alors que Dominique avait définitivement rompu. Il lui confia :

Y :	*Tu sais, si Dominique avait été comme toi, si elle s'était laissé marcher dessus, comme tu l'as fait avec ton mari, si elle avait accepté de tomber aussi bas que toi, je m'en serais servi comme d'un paillasson ! Moi, Dominique, je la respecte. Parce que chaque fois que j'ai voulu l'abaisser, l'humilier, elle a toujours relevé la tête. Elle m'a toujours affronté et elle est toujours partie en guerre contre moi. Dominique… j'en suis fier.*
La voisine :	*Alors, quand Dominique venait me confier les choses que tu lui faisais et que tu niais à l'époque… c'était vrai ?*
Y :	*Oui, c'était vrai.*

Hormis sa fierté d'avoir combattu Dominique, ce pervers poursuit le même procédé sadique en humiliant cette confidente. Il parle clairement de son cas et insinue que sa soumission ne peut que susciter le mépris. En fait, il lui fait savoir qu'elle n'a pas compris les règles du jeu et qu'elle n'a que ce qu'elle mérite.

Dominique, comme tant d'autres victimes de pervers, n'avait pas compris, elle non plus, les règles de ce jeu-là. Qui peut prévoir que l'humanité donne naissance à des personnes se nourrissant de l'énergie psychique des autres ? Qui a jamais appris que les vampires psychoaffectifs[5] existent vraiment ? Les quelques ouvrages grand public traitant de ce sujet[6] sont très récents. À quand les cours universitaires pour informer les futurs professionnels de la santé mentale et de la santé tout court ?

---

5. RHODES, Daniel et RHODES, Kathleen, *Le harcèlement psychologique,* Montréal, Le Jour, éditeur, 1999.
6. NAZARE-AGA, Isabelle, *Les manipulateurs sont parmi nous,* Montréal, Les Éditions de l'Homme, 1997 et HIRIGOYEN, M.-F., *Le harcèlement moral, la violence perverse au quotidien,* Paris, Éd. La Découverte et Syros, 1998.

Nous commençons à peine à élaborer des stratégies pour nous protéger. Le conjoint de Dominique, pervers-sadique, semble dire que seul l'affrontement constant lui fait gagner son respect. Qui a besoin de ce respect-là ? Une guerre perpétuelle avec son partenaire est épuisante. Ce combat est destructeur et sans issue. **On ne gagne pas contre un pervers.** Je ne parle pas seulement de ses comportements incohérents. Je parle aussi du fait que nous avons affaire à une personnalité pathologique. Vous espérez une soudaine prise de conscience de sa part ? Vous espérez que ses attitudes vont finir par changer ? Vos tentatives seront vaines même après 30 ans d'efforts. Quelles armes pouvez-vous utiliser lorsque vous avez affaire aux incohérences stratégiques d'un pervers et que son système de pensée vous est totalement étranger ?

Au départ, certaines de ses attitudes et certains de ses discours semblent répondre parfaitement à vos attentes. Mais plus le temps passe, plus les agissements et les comportements de votre conjoint vous semblent étrangers, n'ayant plus aucune cohérence avec ceux du début. Une grande confusion s'installe alors, d'autant plus que le pervers s'adonne à des raisonnements pseudo-logiques pour éventuellement justifier ses attitudes. Son aplomb vous déconcerte. Il modifie la perception de la réalité dont vous êtes témoin. Les incohérences existent chez les pervers de caractère et chez les manipulateurs en général. Disons qu'elles sont encore plus amplifiées chez les premiers. Certes, le dysfonctionnement est plus visible. Mais plus c'est gros, plus ça marche !

IL CHARME VOTRE FAMILLE ET LA CRITIQUE ENSUITE

Au tout début, le manipulateur joue d'une séduction sans bornes envers les membres de votre famille. Il arbore la marque de la courtoisie, du charme et de la générosité. Autant de qualités que votre famille ne pourra lui dénier si vous lui exposez votre réalité par la suite. Ce parti pris en faveur du conjoint manipulateur vous empêche de vous livrer à des confidences : vos proches vont sûrement considérer ces confidences comme irrecevables. Cette attitude peut renforcer progressivement votre isolement. Étonnamment, beaucoup de victimes n'osent pas désillusionner leurs père et mère. Pour ne pas les inquiéter, certes, mais surtout à cause de la honte. C'est probablement le sentiment le plus redoutable, car il est toujours accompagné de l'angoisse d'être rejeté. Peur d'être *mis à l'index* par ceux qu'on aime, voire par l'ensemble de l'humanité. Nous nous présumons coupables d'une faute impardonnable mais cependant non définie. Nous la cachons aux autres et à nous-mêmes. La honte isole et ronge. À la différence de la culpabilité, la honte est un sentiment moins « évolué » sur le plan conscient et soulève la délicate question de la valeur personnelle. C'est ici que s'installe ce profond sentiment d'échec insupportable et innommable. Parler de sa réalité reviendrait à avouer que l'on s'est trompé en choisissant le mauvais numéro ! Cela signifierait que l'on n'a pas encore acquis la maturité suffisante de l'adulte autonome, cet adulte capable de choisir seul son partenaire de vie. Cela peut sembler tellement important pour certains de nos parents que l'idée d'aller partager avec eux nos problèmes de couple paraît insurmontable.

Si votre famille succombe au charme apparent de l'élu de votre cœur au début, elle peut néanmoins sortir de son état hypnotique à moyen terme. Encore faut-il que votre entourage soit témoin de comportements anormaux de la part de votre partenaire vis-à-vis de vous, par exemple des dénigrements récurrents en public, ou encore votre absence de joie de vivre, voire votre déchéance.

« Lors de ses nombreuses déprimes, explique Raymonde en parlant de son époux (43 ans de mariage !), *il faisait venir du monde à la maison car, disait-il, cela lui remontait le moral. Je passais mon temps à cuisiner pour tout ce petit monde avec lequel il se comportait bien. Mais*

dès que nous nous retrouvions seuls, il s'écroulait ou criait à me faire pleurer.

« Les visites à ma famille étaient écourtées au maximum. Il me faisait des signes pour montrer son impatience. Puis il baratinait n'importe quelle excuse pour sortir et je suivais comme un petit chien ! En revanche, s'il avait bu un peu d'alcool, il n'était plus pressé du tout et ne voulait plus rentrer.

« Bien sûr, il critiquait ma mère (qui l'apprécia pendant longtemps), mon père, mes frères ou mes sœurs, notre fille aînée même, dès que nous sortions de chez eux. Pendant des années, il a demandé à son frère de venir l'aider pour les travaux de la maison. Il ne l'a jamais dédommagé. Lorsque je lui suggérais de le payer, mon mari disait d'abord : "Pourquoi le paierais-je puisqu'il ne veut rien ?" Un jour, son mépris se fit jour : "Puisqu'il est assez con pour ne rien réclamer !" Il était tellement manipulateur qu'il arrivait à rallier tout notre entourage. Les réunions au sein de sa famille étaient interminables, chacun voulant avoir le dernier mot, mais il ne renonçait pas tant qu'il ne sortait pas victorieux de ces débats-là. Ses conversations pouvaient être infamantes à mon égard. Il ne me voyait même plus. À l'opposé, il racontait parfois des choses intimes sur nous, ce qui me choquait profondément. Il estimait normal de parler ainsi de sa femme. C'était une preuve d'amour, selon lui ! »

Comme son mari l'avait discréditée auprès de sa belle-famille, Raymonde n'espérait aucun soutien de ce côté-là.

Le manipulateur diminue l'importance que vous accordez à une relation qu'il juge trop sentimentale, trop complice ou trop influente avec un membre de votre famille. Raymonde se souvient par exemple de la réaction de son époux lorsqu'elle s'apprêtait à rendre visite à sa mère (cette dernière était très vieille, proche de la mort). Il disait : *« Elle n'a besoin de rien »* ou bien *« Laisse-la tranquille »* ou encore *« Tu ne vois pas qu'elle se moque de toi ? »* Par ailleurs, il lui interdisait tout rendez-vous avec sa sœur. Selon lui, sa sœur était de mauvaise influence puisqu'elle fréquentait les cafés « certainement pour rencontrer on ne sait qui ».

Cependant, certains membres de la famille ne tombent pas sous le charme. Ils ont immédiatement une impression négative : ils *sentent* que quelque chose ne va pas chez cet homme ou cette femme et restent méfiants. Ce qui explique évidemment la haine que le manipulateur éprouve à leur égard.

C'est probablement ce qui s'est produit pour Angel : *« Elle me dénigrait auprès de ma famille et dénigrait ma famille lorsqu'elle était avec moi : elle les mettait mal à l'aise par des propos déplacés ou provoquait des scènes de ménage lors des fêtes de famille. Elle a vraiment cherché à m'aliéner ma famille. Elle écrivait même ou téléphonait régulièrement à ma sœur aînée pour exprimer sa hargne de manière injuste. »*

IL VOUS ISOLE DU RESTE DE LA SOCIÉTÉ

La femme manipulatrice : Reste avec moi après ton travail !

Une manipulatrice ne demande pas à son compagnon de s'exclure du marché du travail. En tout cas, je n'ai jamais recueilli un tel témoignage. En revanche, elle le gardera à la maison toutes les fins de semaine sous prétexte de menus travaux de bricolage.

Il s'agit véritablement d'un système. Un système de pensée qui exige que « TOUT TEMPS DISPONIBLE DE L'UN DOIT ÊTRE ACCORDÉ À L'AUTRE ». De nombreux couples partagent ce schéma cognitif sans que l'on puisse imaginer systématiquement la présence d'un manipulateur au sein de ces couples. Si votre conjoint possède ce schéma non conscient et que vous ne le partagez pas, il est logique que vous viviez une grande frustration (si vous y obéissez contre votre gré) ou une culpabilité lorsque vous vous adonnez individuellement à une activité.

Si vous partagez ce schéma à deux, il est fort probable que vous n'acceptiez pas d'invitations (à dîner, au théâtre, en vacances...) si votre conjoint est absent ou refuse de s'y rendre. Il est probable que vos amis ne soient que des amis communs et généralement les mêmes depuis longtemps. Il y a en effet, dans ces conditions, moins de chances de faire de nouvelles rencontres. Aucun des deux ne s'épanouit en dehors du couple, même si on aimerait croire qu'un véritable épanouissement personnel à long terme est possible dans ces conditions.

Plus pernicieux est le schéma cognitif cousin.

« SI ON S'AIME, ON DOIT AVOIR BESOIN DE TOUJOURS ÊTRE ENSEMBLE ; SINON ON NE S'AIME PAS VRAIMENT ! » Ces types de schémas génèrent des attitudes de dépendance à l'autre. Le manipulateur l'utilisera pour renforcer son pouvoir sur le conjoint.

Denis entre dans ce qu'il appelle *la deuxième phase de son mariage* après la troisième année. Les conflits sont nombreux. Ils tournent autour de deux thèmes principaux :

- le temps libre de Denis ;
- leurs relations affectives et sexuelles (nous en reparlerons plus loin).

Denis nous rapporte quelques propos de sa femme manipulatrice (28 caractéristiques) lorsque par exemple il partait faire du vélo avec un ami (qu'elle n'appréciait pas bien sûr !) Elle disait :

« De quoi te plains-tu ? Vois-tu d'autres hommes qui soient aussi bien avec leur épouse ? » (Elle parle de ce que Denis DEVRAIT ressentir pour elle, sans lui demander ce qu'il RESSENT VRAIMENT pour elle.)

Ou : *« Le jeu est le propre de l'enfant. Le travail est le propre de l'homme mûr. »* (Énoncé sous forme de proverbe émanant de la sagesse populaire. Sûrement inventé, d'ailleurs !)

Ou : *« Les hommes mariés et responsables respectent leur femme et leur famille. »* (Elle fait une interprétation d'intention : *« Si tu pars, c'est un manque de respect. »*) Elle fait croire à son interlocuteur que c'est une preuve d'intention négative dirigée CONTRE elle. Pour le culpabiliser davantage, elle insinue qu'il ne respecte pas non plus les enfants.

Ou encore : *« Ta place est avec nous et non dans la nature. »* (Elle sous-entend qu'il n'occupe pas son temps libre de façon structurée, comme s'il était « perdu dans la nature ».)

Une fois, Denis lui répondit :

« Tu sais, j'ai besoin de me défouler de temps en temps. »

« Tu oses insinuer, lui lança-t-elle, qu'avec moi tu ne te défoules pas ? Mais quel pauvre con tu es ! Un jour, tu seras chassé de ce paradis que tu as trouvé auprès de moi. Profites-en bien. »

La manipulatrice refuse d'entendre le point de vue de l'autre. Elle parle de ce qu'il *devrait* ressentir. Elle l'insulte. Elle le menace tout en se déresponsabilisant d'une éventuelle décision (*« Tu seras chassé »* et non *« Je te chasserai »*).

Lorsque, des années plus tard, Denis décida de reprendre des cours du soir, sa femme le lui interdit ouvertement.

« Il est hors de question que tu ailles à des cours ! Je t'interdis de me laisser seule ! »

Elle y ajouta le chantage :

« Si tu vas à ces cours, j'inviterai maman avec moi en vacances ! »

Denis ne s'est pas laissé impressionner et est allé à ses cours. *« Mais,* dit-il, *je l'ai payé très cher. J'ai rencontré des femmes qui trouvaient que j'avais du charme et des hommes qui me trouvaient intéressant (tout le contraire de ce que ma femme prétendait constamment). Je revenais de ces cours épanoui et souriant. Je me faisais enfin de nouveaux amis. Cela lui était insupportable. »*

L'homme manipulateur : Arrête ton travail !

Outre les critiques que le manipulateur colporte sur les membres de votre entourage et ses attitudes tantôt charmeuses, tantôt repoussantes (son but est de créer l'isolement), l'homme manipulateur tente de vous faire quitter votre travail.

En effet, le milieu professionnel vous donne souvent l'occasion :

- de faire émerger vos capacités ;
- d'exercer vos compétences ;
- de renforcer vos qualités ;
- de reconnaître vos talents ;
- de rencontrer d'autres femmes et d'autres hommes ;
- de nouer des relations plus profondes.

Et cela devient naturellement dangereux pour l'homme manipulateur !

Il effectue alors un travail de sape afin de vous garder sous son contrôle. Après la phase de séduction, riche en compliments, il dévalorise et dénigre tout ce qui semblait être des qualités chez vous (voir chapitre 6). Il vous rabaisse quotidiennement, vous déprécie. Votre propre estime décroît à une vitesse vertigineuse. En quelques mois, vous ne savez plus très bien si ce que vous dites, faites, et ce que vous êtes, est juste ou non. Vous doutez de vous-même. Certains d'entre nous peuvent avoir une bonne confiance en eux et la perdre ainsi en moins d'une année. Les dégâts psychologiques et somatiques sont considérables. Si les doutes qui vous assaillent ne sont pas remis en cause par des amis, des collègues, des membres bienveillants de votre famille, ils s'ancrent au plus profond de vous. Le milieu professionnel dans lequel vous évoluez peut vous offrir d'autres références que celles de votre conjoint manipulateur. Ce milieu peut vous permettre de réaliser que vous n'êtes pas dotée de la plupart de ces défauts dont il vous accable.

Malheureusement, le milieu de travail ne réussit pas toujours à vous redonner de la valeur à vos propres yeux. Vous pouvez exceller dans votre milieu professionnel, être un bon collègue de travail et cependant croire que vous ne valez rien, parce que votre conjoint vous le répète ou l'insinue de plusieurs manières. Le manipulateur verra d'un mauvais œil toute forme de contre-pouvoir potentiel. L'homme manipulateur vous amène à abandonner votre travail sous prétexte qu'il est préférable de rester à la maison pour élever les enfants (et faire des économies), ou en vous assurant qu'il gagne suffisamment bien sa vie pour vous faire vivre.

Toujours dans le registre «faire perdre ses points de repère à l'autre», il n'est pas rare que l'homme manipulateur vous fasse déménager et quitter votre propre résidence pour vivre dans la sienne, **malgré vos réticences.** Les cas de femmes ayant cédé à la pression de leur conjoint manipulateur sont légion. D'autres, mariées trop tôt, n'ont pas eu la chance d'étudier assez longtemps et se retrouvent sans profession. Rappelons qu'il fut une époque où il était de bon ton qu'une femme reste au foyer. Cependant, les maris «normaux» ne les empêchaient aucunement d'avoir des activités extérieures.

Le conjoint manipulateur de ces femmes dépendantes s'octroie le droit de vérifier toutes leurs dépenses. La surveillance est serrée. La situation devient encore plus humiliante lorsque le couple se sépare. La non-autonomie financière freine considérablement l'émancipation d'une femme, surtout lorsqu'elle est âgée de 40-45 ans.

En revanche, certaines femmes passionnées par leur profession ont refusé un tel sacrifice. Elles prennent plus tard conscience du bien-fondé de leur décision.

Agnès raconte qu'elle se sentait de plus en plus prisonnière et isolée. Elle raconte qu'il lui disait: *« "Tu n'as pas besoin d'aller chez tes parents aussi souvent!" J'y allais seulement quelques heures, une à deux fois par semaine. J'y rencontrais parfois mes sœurs. Il n'y a pas eu de mariage mais vers le milieu de ma grossesse, il m'a soumise à une véritable pression psychologique pour que je quitte mon travail, que je laisse tomber la location de mon appartement... sous prétexte que dans la Bible, il est dit que "la femme doit tout quitter pour suivre L'HOMME"!*

« Il faut ici préciser qu'il était chômeur, locataire d'un deux-pièces et que son fils aîné dormait dans le salon. Il avait fait une demande pour obtenir un logement social. Puisqu'il aurait la charge de deux personnes supplémentaires, il voulait un appartement plus grand. Une fois celui-ci obtenu, il en aurait gardé le bénéfice quelle que soit la modification de sa situation. Je suis institutrice. Mon travail me passionne. Je suis locataire d'un appartement avec deux chambres et je voulais garder mon autonomie financière. J'ai donc continué de travailler jusqu'à l'accouchement. Cependant, je lui ai proposé d'utiliser mon appartement pour faciliter son déménagement. Alors que je n'envisageais qu'un bref séjour de sa part, il s'est installé chez moi un peu contre mon gré. Nous avons donc vécu ensemble. Cette vie commune que je n'avais pas souhaitée fut très houleuse. Cédant à la pression de son fils aîné (17 ans), il a quitté mon domicile (alors que j'étais en voyage à l'étranger) pour s'installer dans son nouveau logement social. Notre enfant avait un mois. Je me sentais de moins en moins sûre de moi. Je me dévalorisais de plus en plus. Il répétait : "Tu ne te rends même pas compte de ton ignorance. "

« Quoique douloureuse, la séparation fut un soulagement. Elle m'a permis de retrouver une certaine autonomie. Et, heureusement pour moi, comme elle coïncidait avec la reprise de mon travail, j'ai pu la surmonter sans trop de difficultés. Le combat ne faisait que commencer, mais je ne le savais pas ! »

Le cas de Pauline semble être un contre-exemple. Bien que… Pour elle, le travail était un refuge.

« Mariée avec lui pour le rassurer, je n'ai pas quitté mon métier de dentiste qui était en plein essor. Je travaillais beaucoup et je réussissais. Il essayait de me cloisonner. Il osait me dire : "Je préfère que tu sois vendeuse dans un magasin plutôt que dentiste !" Nous n'avions pas du tout le même niveau de formation. Parmi mes amis, il y avait des avocats, des chefs d'entreprises, etc. Mal à l'aise en société, il tentait de les exclure de mon univers relationnel et les critiquait. De Belgique, je m'étais expatriée dans un village du Luxembourg : lui, s'était bien intégré à l'endroit.

J'y étais comme une étrangère. Nous y construisions une maison. J'ai été piégée. Il ne voulait plus voyager, ni partir pour la fin de semaine, prétextant des travaux (qu'il ne faisait pas !). Mes enfants étaient petits. Au travail, j'étais débordée. Il menait, vu de l'extérieur, une existence de père exemplaire et de mari responsable. Mais en réalité, il a brisé ma vie sociale au Luxembourg. J'étais isolée là-bas. »

Après des années d'enfer, Pauline a finalement demandé le divorce. Son mari, qui promenait ses enfants dans le village, a fait courir l'idée qu'elle était une mauvaise mère qui n'aimait pas ses enfants. Il a facilement obtenu des témoignages des voisins pour renflouer son dossier juridique. Depuis qu'elle est séparée, elle a retrouvé le soutien de ses amis belges et celui des anciens amis qui avaient disparu lorsqu'elle s'était mariée.

La jalousie dévorante

Le jaloux aspire à une fusion totale. Il exige que l'autre s'engage toujours davantage et n'est jamais satisfait du don reçu. Il ignore le plus souvent que ce mouvement possessif est essentiellement égocentrique et tend, en réalité, à la destruction de l'autre. Paradoxalement, le jaloux, engagé dans une activité incessante pour s'assurer la domination est, à d'autres égards, passif et étroitement dépendant de son conjoint. Cette relation, qu'il veut étroite, exclut elle aussi les tiers jugés redoutables. L'immaturité du jaloux ne lui permet pas d'aimer un être qui soit en même temps aimé par d'autres.

Pour mieux posséder son ou sa partenaire, il lui faut posséder son passé, soit en l'ignorant totalement comme si seule la portion de vie qu'ils vivent ensemble comptait, soit en l'explorant jusqu'à épuisement au point d'en devenir totalement propriétaire. L'exigence de « transparence » souvent exprimée par le jaloux traduit son désir de posséder les moindres recoins de la pensée de l'autre. Il ne peut tolérer aucun « jardin secret ».

Dans cette poursuite obsédante, le jaloux ressent une insatisfaction perpétuelle. En même temps, il éprouve le sentiment suivant : un « autre » (parfois « d'autres ») existe quelque part et est doué du pouvoir de satisfaire son (ou sa) conjointe(e) mieux que lui-même n'y parvient. Les scènes récurrentes au cours desquelles le jaloux étale son impuissance, sa poursuite effrénée de preuves d'infidélité, finissent assez souvent par provoquer ce qu'il redoutait et voulait prouver : l'infidélité ou la haine du partenaire.

Une semaine seulement après qu'ils ne sont installés dans leur nouvelle maison et à un mois de la date du mariage, le compagnon de Charlotte (R.) changea radicalement de comportement. L'un des aspects terrifiants de cette métamorphose est que R. commença à se montrer maladivement jaloux. Malgré la fréquence significative de profonds troubles sexuels dans la relation affective avec un manipulateur ou une manipulatrice (voir chapitre 5), il est exceptionnel que le partenaire prenne un amant ou une maîtresse. Les soupçons maladifs du manipulateur ne s'appuient que sur un scénario purement imaginaire.

Lui-même, en revanche, est capable de jouer un double jeu auprès de différents partenaires. Le mensonge, d'un côté comme de l'autre, est son paravent. Il déteste être pris en flagrant délit et peut devenir violent dans le cas où vous lui en montreriez la preuve.

Adeline et D. aiment danser le rock et décident d'aller dans une discothèque. *« Deux heures après notre arrivée, D. s'est mis à danser avec une jeune femme puis il est allé avec elle dans la pièce voisine, hors de ma vue. Il y est resté une partie de la soirée et a refait le même manège avec une autre femme un peu plus tard. À un moment donné, en me rendant aux toilettes, j'ai pu voir qu'ils échangeaient leurs coordonnées. Son attitude de célibataire avait un côté dévalorisant pour moi. Une fois dans la voiture, je lui ai souligné ce fait en décrivant ce que je ressentais. C'est alors qu'il s'est mis à m'accuser :*

j'étais jalouse, je ne lui laissais pas sa liberté ! Et il a menacé de rompre immédiatement notre relation ! Il est entré dans une crise délirante avec des propos complètement incohérents, irraisonnés, en dehors de la réalité. Ce qui était en train de se produire n'avait plus aucun rapport avec une discussion "normale" entre êtres "équilibrés". Les menaces de suicide étaient de la partie, les dévalorisations personnelles... »

Dans les soirées mondaines, son jeu de séduction auprès des personnes du sexe opposé et sa jalousie vis-à-vis de ceux qui peuvent vous approcher sont fréquents.

« Alors qu'Y. m'avait demandé de l'accompagner à une soirée où je ne connaissais personne, raconte Dominique, il me dit, en pleine réception : "Laisse-moi et ne soit pas agrippée à mes guêtres !" Il m'ignore totalement, danse avec plusieurs femmes et ne me regarde pas. C'est lorsqu'un homme m'invite à danser qu'Y. s'approche pour me parler à l'oreille, en mettant son bras sur mes épaules comme pour signifier : "Ça, c'est à moi." Nous avons été obligés d'interrompre la danse. Puis Y. s'est adressé à l'homme : "Je vous l'enlève. J'ai quelque chose à lui dire." Mon cavalier s'éclipse donc. Y. n'a rien à me dire et me laisse de nouveau seule. »

Gisèle se souvient d'agissements forts similaires : *« Il dansait la première danse avec moi et ensuite je ne le voyais plus de toute la soirée. Soit il allait au bar et observait l'assemblée, soit il dansait avec d'autres femmes. Mais quand il voyait que quelqu'un me portait de l'intérêt ou que je m'amusais bien, il venait me dire : "On rentre ? Je suis fatigué." Et nous quittions la soirée. Il ne me parlait pas dans la voiture. S'il ouvrait la bouche, c'était pour critiquer. »*

Le piège du dépendant affectif

Un autre facteur important à évoquer et **qui contribue à l'isolement** est **la dépendance affective.**

Un jour, je reçois une lettre de Florence, qui, à la suite de la publication de mon premier ouvrage, me résume son histoire.

Je ne connais pas Florence, mais son témoignage me fait singulièrement penser à une femme en proie à la dépendance affective. Cette dernière n'est pas uniquement le lot des femmes, bien que la dépendance féminine soit plus fréquemment décrite.

La notion de *dépendance affective* est apparue dans le langage des psychiatres et des thérapeutes vers la fin des années 1960. Il s'agit d'une « dépendance psychologique » différente de la « dépendance physiologique » qui, elle, exprime plutôt une relation pathologique de dépendance à une substance (alcool, drogue, tabac, médicaments). Le concept de la « dépendance » s'est donc aujourd'hui élargi. Ces « nouvelles addictions » se définissent comme des conduites poussées à l'extrême vers un attachement au travail, au sport, à la télévision, au jeu, à l'ordinateur, au sexe… ou à la relation amoureuse. Il existe même des addictions aux dépendants : c'est le cas de la codépendance des conjoints d'alcooliques ou de drogués.

Le dépendant se laisse envahir de façon obsessionnelle par un unique objet de plaisir. Le terme d'« objet » est utilisé en psychologie pour désigner aussi une personne. Le dépendant néglige les autres aspects de sa vie. À commencer par sa propre santé, son épanouissement et son équilibre personnel.

« Je vis avec un manipulateur depuis quatre ans. S. a 25 caractéristiques sur les 30. Quand je l'ai rencontré, je vivais des moments difficiles à la suite d'une rupture (union qui avait duré neuf ans et au cours de laquelle j'avais eu deux enfants, âgés de trois et quatre ans. Leur père était aussi manipulateur et alcoolique).

« Au début, S. clamait à ses amis qu'il avait enfin trouvé LA femme de sa vie. Sensible, belle, intelligente… Avec des enfants adorables. Il n'a fallu que deux mois pour observer un revirement.

« Je devenais à ses yeux une femme méchante, juste bonne à me venger de tout ce que m'avait fait subir mon ex. Il prétendait être humilié

en public. J'ai alors pensé qu'il avait peut-être raison et j'ai essayé d'être plus aimable. C'est alors qu'il s'est mis à se moquer de moi, de façon franchement méchante. Il me rendait la pareille, me disait-il. Je l'ai laissé faire, croyant que c'était un juste retour des choses. Mais la situation a empiré…

« Il s'est mis à critiquer ma façon d'élever mes enfants et mon organisation. Il est devenu jaloux et méfiant. Rien ne lui convenait : mes enfants étaient trop gâtés, j'avais connu trop d'hommes avant lui, ma cuisine était trop riche et… j'étais trop sociable ! Ce ne sont que quelques exemples. Je le croyais maniaco-dépressif, puis paranoïaque et puis fou, tout simplement. C'est alors que vous êtes passée dans une émission, à la télévision. Vous m'avez redonné l'espoir : je crois que je pourrai vivre heureuse, sans remords ou culpabilité, le jour où j'aurai acquis suffisamment de force, de courage et d'amour-propre pour reprendre ma liberté.

« Depuis que nous sommes ensemble, il ne participe ni à la cuisine, ni au loyer, ni aux dépenses courantes. Je reçois une indemnité et je m'apprête à reprendre mes études. Il dit que puisque je n'ai pas travaillé pour cet argent, il n'y a aucune raison qu'il paye. Il m'accuse de me complaire dans la dépendance. M'occuper des tâches ménagères et élever mes enfants sont, à ses yeux, des activités ridicules et des excuses que j'utilise pour asseoir ma paresse.

« Il a plus d'éducation que moi et en profite pour me ridiculiser même lorsque j'ai raison. Il me parle comme si j'étais un être primitif. Il me dit souvent : “Il faut bien que je t'apprenne à vivre !”

« Il me trouvait sexy, mais ayant de son côté des problèmes d'impuissance, il m'en rend responsable.

« Je sais que je ne peux le changer, mais quand il se montre aimable, j'espère toujours qu'il a enfin compris qu'il était méchant et qu'il ne recommencera pas. Mais ça ne dure jamais…

« Il n'y a pas une journée sans disputes. Il prétend que je veux le contrôler quand je lui demande de ramasser ses affaires par terre ou que je lui demande de l'argent. Il est celui qui contrôle ma vie. Quand je vais chercher les enfants à l'école, il arrive sans crier gare pour vérifier avec qui je parle. Je discute parfois avec des papas et il s'imagine que je flirte.

« Il ne comprend pas que s'il était aimable, agréable, tout serait parfait. Depuis que je lis et relis votre livre et que je prends des notes, je me sens reprendre des forces et je retrouve petit à petit ma confiance. Mais trop souvent, je me laisse démolir par ses commentaires dévalorisants. Pourtant, il était si gentil, bon cœur, si doux... Pourquoi ne peut-il pas redevenir comme au tout début de notre relation ? La peur d'être abandonnée est très forte chez moi, même quand la personne est aussi désagréable que cela avec moi. »

La dépendance ne constituerait pas un problème s'il n'y avait ce désir de retourner, malgré soi, vers un objet d'amour insatisfaisant, voire destructeur. C'est une tragédie qui se répète.

Le dépendant affectif croit n'être capable de trouver l'équilibre et un sens à son existence qu'à travers l'autre. Il s'accroche désespérément à celui ou celle qui a daigné le choisir comme partenaire, sans discerner si ce quelqu'un lui convient réellement.

Les approches américaines tendent à expliquer ce phénomène comme **une maladie des émotions**. La dépendance servirait à camoufler un trop-plein d'émotions non exprimées et souvent non identifiées. John Bradshaw[7], thérapeute et auteur américain, découvrit, grâce à ses programmes de lutte contre les dépendances, que les sentiments d'abandon et de honte intériorisée en étaient des substrats constants (c'est-à-dire que ces sentiments servent de base à la dépendance).

Ce problème provient-il de l'enfance ? La psychanalyse et les autres courants de la psychologie en émettent effectivement l'hypothèse. Beaucoup de dépendants semblent ne pas avoir pu se séparer **symboliquement** de leur mère. L'enfant acquiert son autonomie par phases, dont les parents, et la mère nourricière bien sûr, sont les garants. Seul un enfant qui gagne dans son évolution la certitude d'avoir une valeur intrinsèque peut devenir autonome. Il ne peut se détacher de ses parents sans angoisse que

7. BRADSHAW, John, *S'affranchir de la honte,* Montréal, Le Jour, éditeur, 1993.

si ces derniers l'y encouragent de façon authentique. Par exemple : lorsqu'il est valorisé pour ses initiatives et pas seulement parce qu'il réussit (bonnes notes à l'école, succès sportif ou pérennité de ses relations amoureuses dès l'adolescence, entre autres.) De même, lorsqu'il n'est pas culpabilisé au moindre pas vers l'extérieur par des remarques parentales du type : « Que va-t-on faire sans toi ? » ou encore « Que deviendrais-tu sans nous ? » L'autonomie pourrait alors être vécue par les parents ou l'enfant grandissant comme un processus **qui va à l'encontre de l'autre**. Comme un acte d'abandon. C'est comme si son envie de découvrir autre chose n'était pas vécue comme un élan constructif mais plutôt motivée par le rejet. Confusion qui coûte cher : *la dépendance est une pathologie du lien.* Seul le lien avec l'objet (l'autre) fait vivre le dépendant. Il le stimule. Il le fait vibrer, même si cela le fait souffrir jusqu'à le tuer.

Le dépendant affectif croit ceci : « Sans lui (ou elle), je ne suis rien. » L'objet d'amour n'est pas véritablement le partenaire lui-même, mais la relation. En l'absence de l'objet de son attachement, l'individu en question confronte intérieurement une *sensation de vide insupportable.* **Terrifié à l'idée d'être abandonné** (répétition d'une sensation déjà vécue douloureusement dans le passé), le dépendant affectif fait n'importe quoi pour éviter la rupture d'une relation. Il se rend serviable, gentil à outrance et s'applique à plaire dans l'attente souvent inassouvie des moindres marques d'amour de l'autre. Ou **ce qui ressemble** à des marques d'amour !

Dans son ouvrage intitulé *Ces femmes qui aiment trop,* Robin Norwood[8] décrit des femmes, dispensatrices de soins à l'égard d'hommes (surtout), qui semblent connaître une profonde détresse. Les hommes stables, bons, qui s'intéressent vraiment à elles les ennuient. Elles essaient sans arrêt de réparer une relation

8. NORWOOD, Robin, *Ces femmes qui aiment trop,* Montréal, Les Éditions de l'Homme-Stanké, 1986.

instable et douloureuse avec des hommes à problèmes, *comme pour repousser le moment où elles devront s'occuper d'elles-mêmes.* Elles mesurent de façon erronée la profondeur de leur amour à la profondeur de leurs souffrances…

Les conduites de dépendance mènent à l'isolement. Le dépendant ne sait pas comment exister face au monde. Un grand désarroi s'empare de lui dans les moments de solitude. Ces derniers sont évités, car il les redoute au plus haut point. Je constate fréquemment le phénomène suivant en pratique clinique : **le dépendant affectif préfère être mal accompagné que pas accompagné du tout !**

QUE FAIRE ?

- Ne vous séparez pas de vos amis qui ont toujours fait preuve de bienveillance envers vous.
- Confiez-leur vos doutes, vos réflexions et vos soucis de couple. Des amis équilibrés vous soumettent leur avis sur ce qui n'est pas acceptable dans une relation amoureuse. Mais pensez qu'ensuite, un thérapeute « dénoue les nœuds », pas les amis !
- Si vos amis ou votre famille ont peine à croire ce que vous leur dévoilez, n'abandonnez pas et insistez en leur donnant des exemples concrets.
- Au besoin, faites-leur lire ce livre.
- Voyez vos amis ou votre famille régulièrement (plutôt une fois par semaine qu'une fois par mois !) sans la présence de votre conjoint. Il est légitime de garder des relations ou des activités individuelles au sein d'un couple.
- Si vous avez perdu vos amis, retrouvez leurs coordonnées et reprenez contact avec eux. Expliquez-leur ce qui s'est passé pour vous. Avouez votre faiblesse et votre responsabilité (aussi) dans cette coupure. Au diable votre orgueil !

- Si vous n'avez pas de relations extérieures au couple, cherchez à en créer. Prenez des cours, inscrivez-vous à une association, pratiquez un sport, développez vos talents artistiques, par exemple. Donnez-vous un prétexte.
- Si vous aimez votre travail, ne le quittez pas. Gardez au moins un travail à temps partiel si vous élevez vos enfants. En tout cas, reprenez rapidement une activité enrichissante à l'extérieur.

L'être humain est un être social. Le soutien social est **indispensable** pour trouver son équilibre ou pour ne pas le perdre complètement.

CHAPITRE 5

Et le sexe dans tout ça ?

À moins de vivre côte à côte comme frères et sœurs, la sexualité est au cœur de toute relation amoureuse.

Au cours de mon enquête, j'ai interrogé des victimes de manipulateurs sur l'évolution de leur vie sexuelle dans le couple. J'ai constaté que ces personnes, en plus de souffrir psychologiquement dans le domaine affectif, souffraient aussi « sous les couvertures ». La grande majorité d'entre elles ne s'épanouissent pas sur le plan sexuel.

Pire encore : la sexualité est utilisée par les manipulateurs et les manipulatrices comme un moyen de soumettre l'autre, de le rabaisser à l'état d'« objet ».

Seule nuance : la femme manipulatrice ne se sert pas de cette « tactique » de la même manière qu'un homme manipulateur.

LA FEMME MANIPULATRICE SANCTIONNE PAR L'ABSTINENCE

La complexité de l'implication libidinale de chacun est telle qu'il est impossible de se lancer ici dans des explications analytiques.

Premièrement, parce que ces considérations renvoient à des hypothèses théoriques et cliniques assez complexes (parfois même rébarbatives, compte tenu du langage souvent hermétique). Deuxièmement, parce que j'ai décidé, dans ce livre, de décrire et de développer des faits concrets : comment se déroule « l'histoire sexuelle » d'une personne aux prises avec une personnalité manipulatrice. Les exemples qui suivent sont tirés de confidences de plusieurs victimes.

La sexualité est un enjeu de pouvoir inconscient dans la majorité des couples. La problématique d'un couple va s'y inscrire.

De façon générale, la femme (pas nécessairement manipulatrice) manifeste son insatisfaction par le refus de relations sexuelles. Puisqu'elle n'obtient pas ce qu'elle souhaite (l'écoute, la compréhension, le respect, la tendresse le plus souvent), elle n'offrira pas en retour ce que son compagnon attend. Du moins, ce qu'elle *pense* qu'il attend le plus, puisqu'elle part du principe qu'un homme a *besoin* de relations sexuelles. De plus, son désir a des fondements sentimentaux. Il est lié à la confiance affective qu'elle accorde à son partenaire. La femme détient donc, sur ce plan-là, un pouvoir qu'elle peut rendre actif avec sa décision ou non de passer à l'acte. En effet, même sans désir, elle peut accorder l'acte sexuel dans l'espoir secret de lui donner valeur d'offrande afin d'obtenir quelque chose en retour sur un autre plan (des gestes affectueux, des mots d'amour, pour *avoir la paix* et atténuer les conflits latents).

Cela dit, le désir sexuel qu'une femme éprouve peut être inhibé ou au contraire exacerbé temporairement, pour des raisons qui n'ont rien à voir avec un quelconque pouvoir détenu sur l'homme. Si la relation est épanouissante sur un plan général, une inhibition libidinale est passagère. La même chose est remarquée chez l'homme et le mieux est de ne pas dramatiser inutilement cette baisse d'activité lorsqu'elle est temporaire.

En revanche, la femme manipulatrice utilise l'acte sexuel dans un contexte de jeux de pouvoir. L'abstinence déclarée plus ou moins clairement est son arme. Elle marque un refus qui va durer longtemps… parfois très longtemps.

C., la compagne de Brice, se destinait à être mère (trois enfants). Elle l'avait prévenu: *«Je vais avoir 31 ans. Je veux avoir des enfants. Soit tu en fais avec moi, soit on se quitte.»* Elle ne prenait aucune initiative sur le plan sexuel. Brice était toujours celui qui devait faire les premiers pas. Les relations sexuelles étaient médiocres, selon lui. Puis, quand elle fut enceinte, elle refusa ses avances pendant six mois.

Bien que le début de la relation amoureuse de Denis ait été fougueux, le phénomène fut identique pour lui. Il parle même des relations affectives dans leur ensemble. Ses gestes de tendresse ne trouvent pas d'écho chez sa femme. La sexualité devient de plus en plus désagréable. La fréquence diminue sensiblement.

Denis devient anxieux, frustré, fatigué et déprimé. Il se remet en question et lit beaucoup pour mieux comprendre. C'est le commencement de ce qu'il appelle la *troisième phase de sa vie avec son épouse*: la phase post-grossesse, à la suite de l'arrivée de leur deuxième fille.

«C'est là que commence la véritable descente aux enfers», constate-t-il. Elle l'affuble de remarques cyniques:

«Tu sais, je crois que tu deviens impuissant!»

«Je crois que tu me donnes beaucoup de tendresse et de sensualité parce que tu te rends compte que tu ne sais pas me faire jouir.» (Denis n'approuve pas cette interprétation.)

«Avec les années, tu deviens gros. Tu deviens chauve, donc de moins en moins attirant pour moi. Comprends donc qu'on ait de moins en moins de relations ensemble.» (Denis a un peu grossi sans être vraiment gros. Il n'est pas chauve, même s'il perd un peu ses cheveux.)

«Qui voudrait d'un homme de 30 ans qui en paraît 50?»

Denis est de plus en plus épuisé. Il tombe très souvent malade (longues angines à répétition). Il analyse:

« À cette époque, je n'avais pas assez de discernement ni assez d'amour pour moi-même. Ainsi donc, j'entrais dans sa logique et je commençais à croire dur comme fer que je ne valais rien. Tout cela se faisait progressivement. À la longue, j'ai fini par capituler. Elle en rajoutait parfois en faisant un lien avec la notion de courage : " Tant que tes tâches à la maison ne seront pas faites CORRECTEMENT (parfaitement), il n'est pas question que j'aie la moindre envie de toi " *ou bien* " Tu n'as fait que la moitié ou le quart de ce qu'un homme NORMALEMENT COURAGEUX aurait fait. Il n'est donc pas normal que j'aie des relations avec toi. " »

La femme que Denis a épousée s'adonne à un jeu de destruction. Vous découvrirez au cours de cet ouvrage qu'elle est une *manipulatrice perverse.*

L'HOMME MANIPULATEUR SE CROIT BON AMANT

Si la manipulatrice crée l'abstinence sexuelle du couple, il n'en va pas de même du manipulateur masculin.

Pratiquement toutes les femmes concernées disent que leur compagnon ou leur époux s'estime être un bon amant. Étant les premières intéressées, elles confient toutes que c'est très loin d'être le cas.

« C'était rapide et nul. Je n'avais aucun plaisir. L'essentiel pour lui était qu'il soit satisfait. Un à deux ans après le mariage, dit Monique, *je n'avais plus ni désir ni sentiment pour lui. J'étais terrifiée quand il me menaçait le matin en disant : " Ce soir, tu as intérêt à avoir envie ! " Je me posais de plus en plus de questions. C'était l'horreur. J'avais à peine 23 ans. Le divorce était impensable à l'époque (1977) ; les enfants étaient encore petits… »*

L'égoïsme du plaisir masculin revient systématiquement dans ces témoignages.

Sylvie estime que ses relations sexuelles avec P., éjaculateur précoce, étaient peu satisfaisantes. «*Après un traitement, nos relations se sont améliorées, mais il pensait avant tout à lui-même. Peu attentionné, il allait droit au but, prenait son plaisir puis s'arrêtait. Peu à peu, nos relations s'espacèrent et lorsque le climat était tendu, je n'avais guère envie de faire l'amour.*

«*Nos relations sexuelles étaient parfaites…* ironise Adeline, *tant que ce n'était pas moi qui prenais l'initiative (alors ça n'était jamais le moment!), tant que je ne faisais pas de remarque quant à mon plaisir (qui devait toujours être parfait!) ou quant à mon désir (qui devait toujours être "au top"!).* ***Si j'exprimais un souci sexuel ou une demande, D. le prenait comme un échec personnel et non comme l'expression d'un besoin ou d'une de mes difficultés.*** *J'étais mise en cause et accusée. Exemple un peu cru, mais ô combien révélateur: Un jour, D. avait envie d'une fellation et je lui ai suggéré qu'on fasse l'amour puisque je le désirais. La réponse fut destructrice: "Tu exiges toujours la réciprocité; ton éducation communiste te marquera toujours; ce n'est pas toujours donnant donnant dans la vie." Une période de mutisme de sa part a suivi: elle a duré pratiquement un mois. Ce n'était pas tant d'avoir été privé de cette pratique sexuelle qui le frustrait (il avait droit à cette pratique assez régulièrement et cela ne me déplaisait pas, d'ailleurs) que le fait que j'aie osé formuler un désaccord.*»

Souvent victimes d'un véritable harcèlement sexuel conjugal, ces femmes s'arrangent pour éviter l'acte lui-même. Mais dans ce cas, le harcèlement prend la forme de reproches acerbes du type: «*Tu n'es pas normale. Tu es frigide. Tu es malade. Tu dois te faire soigner.*»

Lorsque c'est le cas, le manipulateur admet fort difficilement souffrir de troubles sexuels (habituellement, ses problèmes ne datent pas d'hier). Il se décharge de toute responsabilité et projette la faute sur sa partenaire.

Charlotte, elle, était, selon son mari, responsable de l'impuissance de celui-ci. « *Ça n'a jamais été bien sexuellement. Au début, il souffrait d'une impuissance totale qu'il mettait sur le compte de sa dernière rupture. Il disait qu'il n'en tenait qu'à moi de le rassurer et de lui redonner confiance. Nos relations ne se faisaient qu'avec un vibromasseur. À ma suggestion d'aller ensemble consulter un sexologue, il répondait qu'il ne percevait pas son impuissance comme un problème et que si j'étais à la hauteur, il reprendrait confiance en lui.* »

L'ENFER SOUS LES COUVERTURES : L'ACTE SEXUEL PERVERS

Certaines des victimes des manipulateurs donnent le témoignage précis d'actes sexuels éprouvants en marquant le caractère systématiquement humiliant de ceux-ci.

« *Les relations sexuelles avec G. étaient déroutantes,* raconte Diane. *Au cours des premières années, j'avais l'impression d'être un cobaye : comme s'il expérimentait sur moi ce qu'il aurait pu lire dans des livres ou dans des revues pornographiques. Les relations ne se passaient pas de façon naturelle. Son regard me mettait vraiment mal à l'aise. Il faisait des installations savantes de jeux de miroirs et de lumières. J'avais l'impression d'être une putain. Au début, je me disais que je me faisais des idées… Peut-être parce que je ne l'aimais pas assez. De relations déplaisantes, puis très déplaisantes, elles sont devenues insupportables. Je me couchais exprès très tard et je faisais tout pour ne pas le réveiller. Les contraintes qu'il m'imposait tous les dimanches matin étaient exaspérantes : je devais attendre qu'il m'ait fait l'amour avant de me lever, sinon toute la famille devait supporter qu'il fasse la tête toute la journée ! Quand je disais que je n'avais pas envie, il me rétorquait : "Mais si, tu as envie ! tu vas voir…"*

« *J'ai fini par détester ma chambre à coucher : j'y restais le moins de temps possible.* »

Un autre cas nous est rapporté. Celui de Dominique qui a subi les contraintes d'un père manipulateur qui lui interdisait toute sortie et tout contact avec la gent masculine. Résultat : elle avait peu d'expérience dans le domaine sexuel. Voici ce qu'elle raconte de sa relation avec Y. (pervers conscient).

« La première fois que j'ai fait l'amour avec Y., j'ai senti qu'il me forçait la main. Très vite, je lui ai dit qu'il me fallait un peu de temps. Il a refusé en me disant que je n'étais pas libérée. Ce qui était vrai, étant donné mon éducation. Je n'étais pas prête, mais il ignorait ma requête. C'était sa passion à lui tout seul. Il avait l'air d'être ravi. Moi, pas du tout. Il estimait être un bon amant. C'était du rapide. Il embrassait mal. Il ne voulait faire l'amour que par-derrière, en levrette. Cela me dérangeait et je lui disais que je n'aimais pas cette position. Il ne faisait que les caresses qui lui convenaient. Quand j'ai osé lui montrer les zones érogènes de mon corps, il les a SYSTÉMATIQUEMENT ignorées. Je n'ai jamais été prête à lui faire les fellations qu'il réclamait. Parfois, il m'écrasait avec son corps et bloquait mes jambes et mon bassin. Il me mettait finalement dans une position de marionnette... »

Les deux précédentes descriptions vous donnent une idée de la forme que peuvent prendre les relations sexuelles avec un manipulateur pervers. Le partenaire sexuel est *fétichisé*. Il devient l'instrument de ses fantasmes. Il est *chosifié*. Les désirs de son partenaire, son plaisir et ses besoins n'ont aucune importance pour le pervers. De même, le non-désir, le non-plaisir et les réticences du partenaire ne sont jamais pris en compte.

La version *dominant-dominé* des jeux sexuels est courante dans les couples en général. Il n'y a rien de pervers dans cet échange de fantasmes. Il s'effectue à partir d'un consentement mutuel, d'une confiance et d'un plaisir partagés. Personne ne ressent une humiliation. Tout au plus un étonnement sur une découverte plus approfondie de soi-même. Mais les partenaires sexuels des manipulateurs pervers n'expriment en rien le plaisir. Ils sont l'instrument de l'autre et ils le sentent bien. Ils ressentent de la colère, de l'humiliation et de la frustration. Leurs ébats sexuels se déroulent souvent de la même manière. Le plus souvent, le pervers est dominant. Mais il peut parfois sévir sur le mode masochiste. C'est le cas de l'ex-compagnon de Julien qui, deux mois après le début de leur relation, a instauré des rituels sexuels où lui-même voulait se faire frapper avec une ceinture et se faire uriner dessus. Julien s'est prêté au jeu sans satisfaire ses propres désirs sexuels qu'il méconnaissait à cette époque (il avait 21 ans). Julien aspirait plus à des relations tendres. C'était plutôt raté ! Quand bien même nous pourrions conclure que le pervers ici n'est pas dominant, ne nous méprenons pas : c'est encore lui qui impose le style des ébats sexuels !

La régularité des témoignages concernant des relations sexuelles désastreuses ou traumatisantes est éloquente. Sachez que la porte de la chambre à coucher ne s'est ouverte que lorsque je posais clairement la question. Est-ce que ce domaine de la vie commune est si accessoire que cela ?

QUE FAIRE ?

N'oubliez jamais que la sexualité est une découverte mutuelle du plaisir sensuel et intime. Les mots clés sont « consentement » et « plaisir ». Les règles du jeu sont instaurées par les deux partenaires.

Vous êtes une femme ? Si vous n'êtes pas consentante, si vous avez de la répulsion, si vous n'avez pas de plaisir (je ne parle pas d'anorgasmie), si vous vous sentez mal chaque fois que vous avez des relations sexuelles avec votre amoureux, parlez-en à une personne capable de recevoir ce type de confidences. Cela peut être un ami, une amie, un gynécologue, un sexologue...

Vous êtes un homme? Essayez de repérer le jeu de pouvoir qui se trame sous cet aspect d'abstinence prolongée. Vérifiez si cette période démarre à l'occasion d'un événement spécifique et si l'ensemble de ses autres comportements correspondent à une dépréciation constante. Rien ne vous empêche d'en parler non plus, même si ce n'est pas votre «habitude»!

CHAPITRE 6

Les sourires en public, les insultes en privé

Progressivement, l'isolement se renforce.

Vous vous sentez d'autant plus seul avec vos doutes et votre souffrance que le manipulateur est admiré des autres. Le désarroi s'accroît lorsque, au milieu d'une réception, on vient vous dire : « Tu as un conjoint charmant. Tu as de la chance ! » S'ils savaient…

S'ils savaient que dès que la porte se referme sur eux, une avalanche de jugements définitifs s'abat sur les uns et sur les autres. S'ils savaient qu'en l'absence de témoins, la dévalorisation à votre égard reprend son cours… S'ils savaient qu'entre les beaux discours qu'il ou elle prodigue et ses attitudes réelles, il y a un océan…

Le propre du manipulateur consiste à dévaloriser autrui afin de donner l'illusion de sa supériorité. Il passe de la critique la plus directe à l'ironie, de la moquerie infantilisante (en ce qui concerne vos propos) à l'indifférence (il peut aussi être indifférent à votre présence), de la comparaison (les autres sont *toujours mieux que vous*) aux reproches concernant vos goûts et vos choix. Tout cela agrémenté de *quelques* compliments, flatteries et mots d'amour.

En misant sur votre ignorance, il se présente comme *plus compétent, plus intelligent, plus instruit, plus cultivé, plus...* (complétez la liste !).

TOUT EST VOTRE FAUTE

Un des moyens de se donner l'illusion d'être exempt d'un trait de caractère ou d'un défaut est d'accuser l'autre d'en être porteur. Cela s'appelle **la projection**. Elle représente un système de défense reconnu depuis longtemps par les « psys ». Ce mécanisme de défense psychologique est présent chez la majorité des manipulateurs. Ceux-ci se permettent de vous reprocher en toute sincérité ce qu'ils font ou sont eux-mêmes. Ainsi, le manipulateur peut vous accuser d'être une personne agressive lorsque vous réagissez violemment à une moquerie en public, à une critique injustifiée ou à une ironie de sa part. Il est le premier agresseur, mais ne supporte pas votre agressivité ! Il vous lance : *« On ne peut jamais compter sur toi ! »* alors que ce reproche s'applique à lui-même. Il est en effet le premier à se dérober devant certaines responsabilités. Exprimer tout haut que vous avez ce défaut inadmissible lui permet de se disculper lui-même, souvent de façon inconsciente.

Parfois, la projection est si évidente que vous bondissez face à cette incohérence. Mais d'autres n'y voient que du feu et se sentent coupables.

Votre peur de paraître égoïste, indifférent, dépendant, maladroit, ignorant, etc., fait naître chez vous, à la première accusation, une émotion difficilement maîtrisée. Le manipulateur, *vampire psychoaffectif,* s'en délecte. Vos réactions émotionnelles sont sa nourriture quotidienne.

L'image positive que vous désirez ardemment préserver de vous-même, votre terreur du rejet et votre perfectionnisme sont vos ennemis intérieurs. Le manipulateur sait parfaitement les reconnaître. Il suffit par exemple que vous vous excusiez pour un détail totalement insignifiant lors des premières minutes passées avec lui ou elle, pour qu'il comprenne immédiatement que vous êtes une personne «qui se sent coupable pour un rien».

Le manipulateur cible ce qui vous tient à cœur : il le fait de façon répétée en variant la forme directe et la forme déguisée.

Sylvie se sentait peu à peu inutile. *« Tout ce que j'essayais de mettre en place pour faire évoluer la situation avec P. restait sans écho. Je n'obtenais que des critiques, toujours déguisées. J'essayais de lui parler, en vain. Lors de nos innombrables conversations, j'étais toujours "la fautive" : il m'imputait la responsabilité de tous nos échecs, de tous nos problèmes. Le manque d'argent ? J'étais dépensière ! Les travaux qui n'avançaient pas ? Je ne l'aidais pas ! Ses ventes par multiniveaux ? Je ne m'investissais pas ! Tout était* ***toujours*** *ma faute et aucun argument ne pouvait le faire changer d'avis. Plus je lui parlais, plus la situation s'aggravait. Aucune écoute, aucun changement dans son comportement. Des nuits entières à dialoguer sans aucun résultat...*

«Je me suis retrouvée avec des problèmes psychosomatiques : chute de cheveux, colique, éruptions cutanées...

«Aussi, après avoir bien réfléchi, j'ai pris une décision. Je me suis dit : "Autant rentabiliser le temps passé à la maison. Souvent seule, jamais de sorties ensemble, pas de vacances... Autant reprendre mes études !" Je me suis donc inscrite au CAPES (concours interne de l'Éducation Nationale en France). Chaque fois que je me mettais au travail pour étudier, P. venait m'interrompre sous des prétextes douteux. Il se mettait en colère. Un jour, il a tout cassé dans la cuisine. Je n'ai pas pu passer le concours. »

VOS QUALITÉS LUI SONT INSUPPORTABLES

Le manipulateur ne supporte pas que vos compétences intellectuelles ou sociales le dépassent. P. ne pouvait admettre que sa compagne Sylvie puisse réussir à un concours (difficile) de l'Éducation Nationale. En réussissant, elle obtiendrait un meilleur statut et des bénéfices financiers. Il en est de même pour deux de nos témoins, Pauline et Denis, tous deux dentistes de profession. Le mari de Pauline aurait préféré qu'elle soit vendeuse, lui disait-il.

La femme perverse de Denis, elle, a la manie du rabaissement.

« Tu es vraiment un fainéant et un parasite. Tu profites des autres. Tu ne fais rien. S'il n'y avait pas eu la médecine, avec ta constitution fragile, la nature, qui est bien faite, t'aurait déjà éliminé ! » Elle pouvait ajouter : *« Il y a des individus qui disposent de bons gènes, qui s'adaptent et survivent. Ce sont les dominants. Puis il y a ceux qui ont de mauvais gènes, qui sont des soumis. S'ils ne sont pas éliminés par la nature, ils doivent donc s'abaisser. »*

« C'était l'horreur, raconte Denis. *Pour me prouver que je n'étais pas un fainéant, j'ai repris les études à 33 ans. Je les réussissais brillamment, mais elle ne changeait pas d'avis sur moi. Elle répétait que je n'avais pas la musculature d'un bûcheron ni d'un maçon. Lorsque je lui ai annoncé que je voulais suivre des cours de perfectionnement, elle m'a ridiculisé : "**Ça** a 33 ans et **ça** veut retourner à l'école ! C'est que tu ne sais vraiment rien !" Ou bien : "Si tu veux te perfectionner, c'est que tu t'es rendu compte que tu es vraiment nul dans ton métier." »*

Comme Denis persistait dans son projet, sa femme est passée à l'interdiction directe (j'en ai parlé dans le chapitre consacré aux stratégies d'isolement). Interdiction à laquelle Denis n'a pas obéi.

Agnès est une institutrice passionnée et instruite. Sa recherche de l'homme idéal pour rompre sa solitude (par les petites annonces) la mena à jeter son dévolu sur un homme qu'elle n'épousa finalement pas. Bien qu'au chômage, il se sentait au-dessus de tout le monde. Il lui arrivait de dire :

« Je suis à un autre niveau que tu ignores. »
« Je voudrais que tu sois d'accord avec moi. »
« Je suis un extraterrestre. »
« Il y a tellement de choses que tu ignores. »

« Dès les premiers rapports sexuels, je lui ai précisé que j'étais porteuse du virus de l'hépatite B et que je ne prenais pas de moyens de contraception. Je suis tombée enceinte et je le lui ai annoncé. " Tu veux MA mort ! ", " Tu ne te rends pas compte de ce que tu ME fais ! " m'a-t-il dit... Il avait une vision toute personnelle de la médecine et de sa pratique. Vision qu'il voulait m'imposer. Par exemple, il refusait tout ce qui ne relevait pas de l'homéopathie et pourtant il était ignorant en matière médicale. Il m'a aussi demandé de pratiquer la macrobiotique, mais ne la pratiquait pas lui-même. Il refusait toutes les vaccinations, en citant des statistiques d'accidents (tirées de revues) survenus lors de campagnes de vaccination dans les pays en voie de développement. Lorsque je lui faisais part de la réflexion suivante : " Cinq ou six cas sur des millions, c'est un risque tout à fait acceptable qui n'est certainement pas supérieur aux risques dus à la maladie ", il m'attaquait sans prendre en compte mon point de vue. Il disait : " On sait très bien que les accidents de vaccination arrivent régulièrement ", " Tu ne sais pas de quoi tu parles ", " Tu ne vas tout de même pas faire vacciner TON enfant ! (le nôtre) ". »

Pour vous déprécier, le manipulateur **nie ce qu'il y a de meilleur en vous.** Vos qualités intellectuelles, si vous êtes diplômé, instruit ou cultivé. Votre compétence professionnelle, si vous êtes reconnu par vos pairs et vos clients. Vos qualités humaines et sociales, si vous avez beaucoup d'amis et si vous êtes apprécié(e). Vos idées et vos goûts, si vous êtes créatif. Votre savoir-faire, si vous êtes bricoleur et inventif...

Dominique est secrétaire et n'a jamais fait d'études universitaires. Son conjoint de l'époque, Y., médecin de profession, ne l'a jamais dévalorisée sur le plan intellectuel. En revanche, il dénigrait subtilement ses origines sociales et plus ouvertement ses goûts. Y., issu d'une famille bourgeoise, se moquait, par exemple, de l'ignorance de Dominique en œnologie (elle n'aimait pas le vin) ou encore de sa manière de couper le gigot. Mais Dominique ne se laissait pas impressionner. Il n'insista pas longtemps. En revanche, les nombreuses critiques de Y. à propos de ses goûts la blessaient profondément. Il lui reprochait sa façon de décorer l'appartement, de s'habiller ou d'apprécier certaines choses. Des qualités que d'autres lui reconnaissaient pourtant. Des points forts chez elle, même. En fait, vos points forts peuvent devenir « un point vulnérable » dont use le pervers narcissique ! Il qualifiait ses goûts de « bougnoule rococo ». Elle enrageait. Dominique relate une anecdote survenue au début de leur relation.

« Y. a insisté pour m'accompagner à mon magasin favori lorsque j'ai voulu m'acheter un tailleur. Je ne compte sur l'avis de personne pour m'habiller habituellement, mais cette fois-là, j'ai accepté qu'il vienne avec moi. L'essayage fut un supplice. Il m'a critiquée en se servant de remarques acerbes sur le tailleur. La gérante, qui me connaissait, était médusée. Je l'étais tout autant. Je n'imaginais pas que l'on puisse critiquer quelqu'un ainsi. Je me suis longtemps questionnée sur ses propos cinglants ce jour-là. Je ne saurais vous rapporter ses mots avec exactitude, mais il ne faisait aucun doute qu'il parlait de moi à travers le tailleur. Finalement, je ne l'ai pas acheté. J'étais profondément meurtrie. »

AU DIABLE VOS BESOINS ET VOS AVIS !

Cette dernière anecdote réveille chez Dominique le souvenir d'une autre situation.

« J'avais acheté un spencer et un pantalon très seyants. J'étais très mince à l'époque. C'est à peine si Y. ne m'a pas insultée : " Ça ne te va pas ", " Tu as l'air d'un mec ", " C'est moche ", " Tu n'es qu'une

asexuée. " Je me suis mise à pleurer. C'est alors qu'il me dit d'un ton détaché : " Pourquoi pleures-tu ? Je n'ai pas dit ça pour te vexer. " » (NDA : Le pervers n'éprouve pas de compassion face au désarroi de l'autre. Il ne s'excuse donc pas de sa maladresse.)

« Alors pourquoi me l'as-tu dit ? » demande Dominique. *«Pourquoi es-tu comme ça ? Pourquoi veux-tu te masculiniser ?»* (NDA : Il évite de répondre en posant une autre question. Il détourne le sujet et continue à attaquer sa partenaire sur « son point sensible ».)

« Y. voulait que je porte des bas résille, des talons, des jupes fendues et des décolletés. Je m'y opposais farouchement. Il pensait me faire jouer le rôle d'une putain. Chaque fois que je mettais ce spencer, il me faisait une scène. »

Ce type de description montre qu'au-delà d'une apparente attaque sur des goûts vestimentaires, le pervers de caractère tente de détruire le « sujet agissant » qu'est le partenaire. Son dessein est de le soumettre à l'état d'objet. Le conjoint, dans ce type de relations, est réduit à une image fétiche[9], un corps-objet. Qu'il y résiste ou non, cette manœuvre est d'une violence inouïe envers son corps psychique. Il ne faut pas confondre avec un jeu de fantasmes partagés par deux partenaires adultes consentants.

Au-delà d'un semblant de dialogue, le manipulateur ne considère pas vos opinions, ni vos goûts personnels. Malgré ce qu'il assure, il ne tient pas compte de vos besoins.

« Lorsque j'étais enceinte, raconte Agnès, *B. m'a fait visiter toutes les maternités pratiquant l'accouchement en milieu aqueux. Je lui avais pourtant expliqué que je n'étais pas à l'aise dans l'eau et que je ne souhaitais certainement pas accoucher de cette façon. »*

---

9. EIGUER, Alberto, *Le pervers narcissique et son complice,* Paris, Éd. Dunod, 1996.

Le manipulateur vous accorde difficilement le droit d'être faible, en particulier lorsque vous êtes malade.

Agnès nous offre d'autres exemples d'indifférence à la vulnérabilité d'autrui.

« À l'âge de deux ans et demi, mon fils a été hospitalisé durant une semaine, dont 24 heures aux soins intensifs pour une double pneumonie. Son père, B., était réticent à toute autre médicalisation que l'homéopathie. Je me suis laissé influencer et j'ai tardé à le faire soigner d'une manière plus radicale. J'ai cependant fini par lui donner un médicament pour faire tomber une fièvre supérieure à 39 °C, qui résistait aux traitements naturels. B. et moi étions séparés. Je l'ai prévenu le soir même de l'hospitalisation. Deux jours plus tard, je l'ai retrouvé dans la chambre de l'hôpital avec notre fils. Il avait ouvert la fenêtre, alors que l'enfant était en tee-shirt ! Le jour de la sortie de l'hôpital, je lui avais téléphoné pour qu'il vienne nous chercher en début d'après-midi. Il est arrivé à 17 h ! Lorsque je lui ai fait remarquer que j'aurais apprécié un peu de soutien de sa part, sa réponse a été : "Comment voulais-tu que je te soutienne puisque tu n'as pas fait ce que je te disais ? Il a été hospitalisé parce que tu n'as pas permis à ses défenses immunitaires de réagir seules !" »

Le manipulateur impose « ce qui fait son affaire », « ce qui l'arrange ». Sauf chez les pervers, la manœuvre est douce et subtile. Imaginons un dialogue entre deux conjoints dont l'un est manipulateur :

Manipulateur : Je t'invite au restaurant ce soir. Où veux-tu aller ?

Conjoint : Ah ! Je ne sais pas encore… Si ! J'aimerais aller au *Planet Hollywood*. Je n'y suis jamais allé(e).

Manipulateur : Tu sais, il n'y a rien de spécial dans ce type de restaurant. Ce n'est pas parce qu'il est à la mode qu'on y mange bien ! C'est bondé et

	on ne s'entend pas parler. C'est tout au plus un McDonald's amélioré !
Conjoint :	Oui, mais c'est original.
Manipulateur :	On peut **jeter un œil sur la décoration si tu veux après.** Moi, je te propose *Le grand bleu.* Ils font de merveilleux cocktails. C'est exotique. Nous n'y sommes jamais allés.
Conjoint :	... D'accord.

Même si le manipulateur demande « Qu'est-ce que tu aimerais ? », vous vous retrouvez souvent, en fin de compte, à satisfaire ses goûts. Si vous aimez les fleurs, et si tant est qu'il vous en offre, la variété qu'il choisit est *à son goût.* Si les fleurs ne correspondent pas à votre goût, il justifie son choix par une excuse du type : « Les roses n'étaient pas belles », « Je ne savais pas si tu avais un grand vase », etc.

C'est l'intention qui compte...

Peut-être, mais à la longue, qu'il s'agisse du choix d'un film ou d'une pièce de théâtre, du type de sorties, du temps passé chez ses parents, du vin à table, de votre gâteau d'anniversaire, etc., l'intention devient douteuse lorsque tout cela répond *toujours* à ses désirs à lui et *jamais* aux vôtres. Souvent, même, alors que vous aimez les sorties en amoureux, celles-ci se raréfient.

En faisant fi des besoins, des droits et des demandes, le manipulateur ne montre pas de profond respect pour son conjoint, même s'il semble persuadé de faire « tout cela » pour *lui faire plaisir* ou *pour son bien.* Le manipulateur pervers-sadique, lui, fait systématiquement l'inverse de ce que vous attendez !

Heureusement, il arrive que sur certains points, vos goûts et les goûts de votre conjoint manipulateur s'accordent. Ce qui donne l'impression que les dérapages sont des détails. Souvent, plusieurs années sont nécessaires pour admettre votre frustration due aux accumulations de ces fameux « détails ».

Le manipulateur fait en sorte de sanctionner tout différend d'opinion, d'une manière verbale ou non. Il ou elle éprouve un besoin compulsif de prouver la justesse de ses idées. Ceci malgré les évidences. Vous pouvez lui mettre le nez sur son absurdité, il y échappe par :

1. des raisonnements intellectuels ;
2. des inversions de cause à effet (il vous reproche l'effet alors qu'il crée la cause) ;
3. un redoublement de hargne et de critiques à votre égard ;
4. une expression toute faite et hors sujet ;
5. une colère échappant à tout contrôle (faisant penser à une personnalité limite psychotique) ;
6. ou bien encore, par la fuite physique.

Autrement dit, vous ne comprenez rien à rien et en plus vous êtes à l'origine de tous les maux !

Il est bien naturel que deux personnes qui s'aiment n'aient pas la même optique sur le monde, l'éducation, la religion, l'actualité, la politique, etc. Les controverses sont courantes (sauf si l'un capitule systématiquement). Il s'agit d'une implication mutuelle dans un débat d'idées. Cela contribue à l'enrichissement intellectuel du couple. On peut donc ne pas être d'accord et l'exprimer, sans entamer pour autant l'estime que l'on se porte. Mais le manipulateur, lui, vous juge à travers ce que vous dites. Il admet difficilement qu'en tant que partenaire, vous ne soyez pas de **son** avis. Amusez-vous à lui dire qu'en tant que conjoint, vous aimeriez qu'il soit de **votre** avis ! Bizarrement, une loi de la nature a défini que **vous** devriez vous ranger à **ses** opinions. Certains ont le culot de dire : « Je suis ton mari (ta femme) et tu devrais être de mon avis. » Le plus souvent, cette injonction se traduit par :

1. la fuite lorsque vous exprimez vos opinions (il n'écoute pas) ;
2. le jugement sur vous et non sur les opinions qu'il ne partage pas ; par exemple : *« Si tu réfléchissais un peu, tu te rendrais compte que le gouvernement… », « Si tu ne lisais pas toutes ces bêtises, tu saurais que… », « Je ne vois pas pourquoi je discute avec toi, tu ne t'intéresses à rien ! », « Tout le monde sait bien que… »*
3. les arguments pseudo-logiques qu'il avance pour vous surpasser intellectuellement (il évoque des généralités) ;
4. le silence et le sourire ironique.

J'expliquerai un peu plus en détail, dans un autre chapitre, comment la communication est au service de la dévalorisation dans ce type de couple.

DE QUELLE VIOLENCE PARLEZ-VOUS ?

Il n'existe pas un seul et unique type de violence. Au cours de mes recherches, certaines victimes m'ont avoué qu'elles auraient préféré être battues plutôt que subir cette torture morale. Le harcèlement moral est-il pire que la violence physique ?

En réalité, ceux et celles qui subissent la violence physique conjugale sont **aussi** victimes de harcèlement psychologique. Paradoxalement, nombreux sont ceux qui atteignent la limite du supportable seulement lorsque les coups font irruption. Comme si la déchéance psychologique, dans la relation de couple, était plus admissible que son expression physique !

En général, **les manipulateurs ne font pas appel à la violence physique directe.** Relevons trois exceptions : lorsqu'il est également paranoïaque, lorsqu'il est pervers et lorsqu'il est alcoolique.

Avec un manipulateur « classique », on constate l'existence de deux formes de violence physique :

1. la violence que les victimes s'infligent à elles-mêmes par des maladies psychosomatiques, voire le suicide ;
2. la colère du manipulateur qui s'accompagne de bris d'objets (tout ce qui lui tombe sous la main) ; de coups de poing, de pied ou de tête donnés contre un mur, une porte...

L'aspect incontrôlable de cette colère terrorise le conjoint qui imagine alors que ces gestes pourraient lui être un jour destinés. D'ailleurs, ils lui sont adressés, indirectement. L'intention de détruire existe réellement, mais elle est canalisée vers une autre cible. Le manipulateur serait-il trop malin pour laisser des traces et prendre le risque d'une plainte judiciaire ? Il est rare qu'il se mette ouvertement dans son tort aux yeux de la loi. L'absence de preuves tangibles constitue même un inconvénient pour les victimes qui sont amenées à se justifier lors d'un divorce ou d'un procès.

Sylvie détaille une scène de violence de P.

« Alors que mon fils jouait tranquillement sur le tapis de la salle à manger, le père enfermé dans son bureau, je me suis mise à réviser mon concours. Soudain, sans raison apparente, P. sort de son bureau et se met dans une colère noire, hurlant qu'il en avait assez de tout faire dans cette maison ! Il s'est mis à casser un plateau en marbre, des assiettes, le comptoir de la cuisine... Notre fils de trois ans pleurait et lui criait d'arrêter en s'agrippant à son pantalon. J'ai pris peur et je me suis enfermée à clef dans le bureau avec mon fils dans les bras. Il a défoncé la porte !

« J'ai pris conscience que tout cela ne pouvait plus continuer. Le lendemain, je lui ai annoncé notre séparation. Il a alors menacé de se suicider. Il m'assurait que j'étais la femme de sa vie, qu'il ne pouvait vivre sans moi... Avant de partir travailler, je lui ai donné un somnifère et j'ai téléphoné au médecin pour qu'il passe le voir. J'avais peur qu'il mette sa menace à exécution. »

Sylvie n'est pas partie. Pas cette fois...

Voilà un cas typique de deux menaces consécutives qui s'annulent : une première menace de destruction physique où le manipulateur montre qu'il peut vous briser facilement. Une deuxième menace qui se transforme en chantage affectif : « Par ta décision de me quitter, **tu** vas me tuer. » C'est le monde à l'envers ! *Il* pourrait vous tuer (il en donne un aperçu), mais *vous* devenez fautive (en vous éloignant de ce danger potentiel) et *vous* en serez punie (avec sa mort sur la conscience). Il devient la victime en l'espace de 10 minutes ! **La culpabilisation est un formidable piège qui paralyse la pensée rationnelle du conjoint.** Un autre moyen que le manipulateur utilise pour inhiber la décision de séparation à cet instant consiste à prononcer des mots d'amour éternel. Nous savons à quel point les femmes sont sensibles aux mots. Les manipulateurs en sont parfaitement conscients.

Il serait injuste pour les conjoints de pervers de ne pas utiliser leurs témoignages. Ce livre, je le rappelle, ne traite pas du *couple pervers,* où **l'un et l'autre** des partenaires sont dans un registre identique et pathologique. Mais un certain nombre de manipulateurs ou manipulatrices sont en fait de véritables pervers de caractère (que l'on peut appeler « manipulateurs pervers »). Leurs partenaires, au contraire de la plupart des autres conjoints de manipulateurs, subissent des violences physiques.

Ayant écouté une conversation téléphonique de Pauline et de son amant, le mari de celle-ci attendit trois jours pour exploser de rage.

« Il fut extrêmement violent. J'ai reçu des coups sur le visage, dans le dos... J'avais le bébé dans les bras à ce moment et il frappait quand même. Mon autre petite fille lui a sauté dessus pour me protéger. Il l'a écartée. Elle hurlait : "Au secours !" J'ai ensuite appelé la police. Il a tout nié ! Il refusait d'obéir à l'injonction de la police d'aller dormir dans un autre appartement que nous avions à proximité ; puis il a cédé. Le lendemain, je voulais me séparer ; je lui ai dit que je voulais réfléchir. Sur son lieu de travail, à des centaines de kilomètres, il m'appelait tous les

jours pour pleurer, s'excuser et me dire qu'il m'aimait. Ce que je ne soupçonnais pas, c'est que, dans le même temps, il demandait à des collègues de rédiger des témoignages contre moi. Ces lettres affirmaient que j'étais une mauvaise mère, que je n'avais pas d'amour pour mes enfants, que je ne m'en occupais jamais et qu'il faisait tout !»

Nous constatons clairement ici que les pleurs, les excuses et les *mea culpa* assortis de mots d'amour ne sont mis en place que pour faire décroître la méfiance de la proie. Simultanément, la stratégie perverse consiste à détruire sa victime, d'une autre façon, quelques heures ou quelques journées plus tard.

Peu d'hommes avouent être violentés par leur conjointe. C'est pourtant plus fréquent qu'on ne le croit.

Lors de désaccords futiles, Denis a déjà reçu de sa femme des tasses et des assiettes qu'elle lui cassait **sur** la tête !

Brice parle de son cas avec C. Celle-ci découvre une boîte de préservatifs dans la boîte à gants de la voiture alors qu'ils roulent pour se rendre chez ses parents. Elle le questionne, très en colère. Mais ce n'est qu'arrivés et installés dans le salon, chez les parents, que C. se lève et s'avance pour gifler Brice d'une frappe monumentale. Les lunettes de Brice valsent. Maître de lui-même, il se lève, ramasse ses lunettes et, sans dire un mot, se rassoit. Aucun des parents n'intervient. Sûrement déçue de constater que Brice ne réagit pas, C. se rapproche à nouveau et lui flanque une deuxième gifle ! Cette fois, Brice ne peut plus se contenir. Il l'attrape par la gorge et la soulève de terre. À ce moment, les parents interviennent pour les séparer. Mais la scène se poursuit. Alors que C. aurait pu mourir étranglée, elle trouve encore l'énergie belliqueuse de lui prendre ses clefs de voiture et de les cacher derrière son dos, refusant de les remettre à Brice ! Il les récupère par la force et quitte immédiatement la maison des parents pour se rendre à son domicile. Il ramasse ses vêtements en vitesse et abandonne le reste sur place. Ce jour-là, il quitte définitivement la maison. *« Ce fut une délivrance totale ! »* assure Brice.

Il s'agit là d'un *acte* pervers. En quoi ? L'acte de violence physique est prodigué **face à un public** (les parents). Manifestement, ce **moment est choisi** puisqu'elle attend que tout le monde soit assis dans le salon pour aller gifler son conjoint. La manipulatrice **récidive en le provoquant** (elle confisque les clefs) **malgré le risque** d'une seconde réaction défensive de Brice. Ce risque ne paralyse pas un pervers : cela l'excite !

Quoi qu'il en soit, le dénigrement et la dévalorisation constante de votre personne contribuent à entraîner une baisse de l'estime de soi notable et des maladies psychosomatiques (voir chapitre 7).

QUE FAIRE ?

- Fuyez tout amoureux ou toute amoureuse qui passe son temps à vous dévaloriser.
- Contre-manipulez[10] au coup sur coup en attendant la séparation.
- Notez par écrit toutes les phrases et les faits dévalorisants (sans dévoiler au conjoint manipulateur ce que vous consignez). D'une part, vous réaliserez que vous ne rêvez pas ; d'autre part, cela peut vous servir en cas de divorce.
- Ne prenez pas vos enfants à témoin. Ils peuvent involontairement manifester de l'agressivité envers le parent victime (j'ai bien dit « victime »). En effet, plus les enfants grandissent, plus il leur devient insupportable d'assister au spectacle quotidien d'une mère ou d'un père soumis à un tel harcèlement psychologique de la part de l'autre parent. Ils « en veulent » à celui qui ne se défend pas face à l'humiliation. Les enfants ont besoin d'admirer un tant soit peu et de respecter leurs deux parents.

10. La contre-manipulation est largement développée dans *Les manipulateurs sont parmi nous.*

- Portez plainte en bonne et due forme pour chaque violence physique.
- Entourez-vous de gens qui vous apprécient et qui vous le montrent.

QUELQUES EXEMPLES DE CONTRE-MANIPULATION

La contre-manipulation verbale sert à trouver la repartie appropriée pour stopper, en peu de phrases, une communication aliénante.

Les réponses sont courtes et les moins agressives possible. Objectif: montrer que l'on est consciente-conscient de l'attaque, mais qu'elle n'a plus aucun effet.

Le manipulateur dit	Vous pourriez répondre (contre-manipulation)
Je t'interdis de...	«Qui es-tu pour poser des interdictions?» «Rien ne t'autorise à m'interdire de…» «Je suis adulte et libre.» «………………………………..…» (Votre idée de réponse)
Tu n'as pas le droit...	«J'en ai autant le droit que toi.» «Je le prends à mon tour.» «Cela n'a rien d'illégal.» «Je décide de ce qui est juste à partir de maintenant.» «………………………………… »

Tu es une hystérique!	«Très facile d'utiliser un terme psychiatrique que tu ne comprends pas!» «Change de disque.» «Ne confonds pas une colère justifiée et une maladie psychiatrique.» «..»
Tu ne dis que des conneries!	«C'est ton avis.» «C'est pour cela que tu m'as choisi?» «Bien sûr, tout le monde le sait!» «Je ne peux pas m'en empêcher. C'est plus fort que moi!» «..»
Tu es un(e) bon(ne) à rien!	«Alors, puisque tu en es si sûr(e), pourquoi me demander d'agir? Tes propos ne sont pas cohérents.» «Ça faisait deux jours que tu ne me l'avais pas dit. Ça me manquait!» «Apparemment, tu y trouves ton compte puisque tu vis encore avec moi!» «....................................»
Avec tout ce que j'ai fait pour toi!	«Ah! C'était donc calculé?» «Je t'en suis très reconnaissant.» «Donc tu mentais quand tu parlais du don d'amour?» «Tu me fais du chantage, là?» «Sur ce plan-là, je me suis acquitté depuis longtemps de mes dettes.» «..»

Si tu en es arrivé(e) là, c'est grâce à moi !	« J'y suis aussi pour quelque chose. » « Également, oui. » « Que veux-tu dire clairement ? » « .... »
Je sais très bien ce que tu penses.	« J'en doute. » « Tu crois savoir. » « C'est bien. » « .... »
Tu me quittes ? Tu sais ce que tu ME fais, là ? Tu ne peux pas me faire ça !	« Je sais parfaitement ce que je fais pour moi maintenant. » « Je remarque que tu ne vois les choses que de TON côté. » « Si, j'ai soudain perdu le sens du sacrifice ! » « .... »
C'est ta faute, tout cela !	« Je l'attendais celle-là ! » « Comme d'habitude ! » « Dans un couple, on est deux ! » « .... »
Tu me le paieras !	« C'est fou ce que les gens doivent te payer ! » « Qui vivra verra ! » « Je n'ai pas dit mon dernier mot. » « Tu menaces encore. » « Hélas, c'est déjà fait ! » « .... »

Le manipulateur dit, devant les autres, en parlant de vous :

Il (elle) n'est même pas capable de...	«J'ai un prénom.» « Tu as encore besoin de la reconnaissance des autres pour être conforté dans ta position ! » « .... »
Je vais me tuer si tu pars.	« C'est ta décision. » «Je ne réponds plus à ton chantage dorénavant. » « Ta vie t'appartient ! » « C'est encore une bonne façon de ne pas se remettre en question, ça ! » « Tu es adulte et libre de faire de ta vie ce que tu veux » « .... »
Si tu m'aimais, tu...	« C'est une règle à toi ; je n'y adhère pas. » « Il n'y a aucun rapport logique. » « Ça s'appelle du chantage. Ça ne marche pas du tout avec moi. » « Encore une interprétation qui te sert à imposer tes volontés. » « Tu l'interprètes comme tu veux. » « .... »
Il n'y a que des arriérés (ou autre adjectif) dans ta famille !	« Laisse ma famille là où elle est. » « Ça les intéressera sûrement de découvrir ce que tu penses réellement d'eux. » « Bien sûr ! »

	«Le monde entier est arriéré pour toi ; donc nos familles également !»
	«.......................................»

Certaines des suggestions de contre-manipulation produites ici proposent différents types de réponses : certaines sont neutres, d'autres sont empreintes d'humour ou d'autodérision, et certaines sont plus «piquantes» dans le sens où elles font appel à l'ironie. L'ironie est la forme la plus agressive ou impertinente de la contre-manipulation. Elle renvoie une vérité que le manipulateur ne souhaite pas entendre. Attendez-vous donc à une repartie de sa part. Les émotions liées à la colère montent rapidement face à la manipulation et l'agressivité est la réponse la plus naturelle et instinctive. Pour pallier cet état émotionnel démonstratif dont le manipulateur se nourrit, l'ironie lui est préférable. Cependant, si vous n'êtes pas encore à l'aise avec la contre-manipulation (il faut de la pratique !), usez-en avec modération. Pensez à utiliser le sourire (même forcé !), si vous répondez ironiquement pour contre-manipuler et pour marquer davantage votre indifférence (même simulée) à la remarque reçue.

Chapitre 7

Un amour qui rend malade ?

Chacun a sa définition de l'amour. Mais la plupart des gens sont d'accord sur un point : l'amour que l'autre nous porte est censé nous élever, nous rendre plus fort, stimuler ce qu'il y a de plus vivant en nous, faire émerger ce qu'il y a de meilleur en nous… L'amour que l'autre nous porte est censé contribuer à faire grandir l'amour que nous nous portons à nous-mêmes. Pas l'inverse.

Même si le conjoint n'apprécie pas certains de nos comportements, ses critiques sont en général constructives. Bien sûr, il ou elle peut manquer de tact. Par ailleurs, s'il sait se montrer bienveillant et généreux en compliments sincères à notre égard, l'équilibre se fait de lui-même. Le sentiment profond qui se dégage alors est positif.

Le soutien et l'amour que l'on reçoit génèrent le bien-être et le plaisir d'être ensemble. Que nous vivions sous le même toit ou non.

Dans toute relation amoureuse avec un manipulateur ou une manipulatrice, notre estime personnelle se bat pour rester à flots. En vain. Dans ce type de relation, l'estime de soi est rudement mise à l'épreuve (alors que peu d'éléments dans la phase de séduction laissaient envisager pareille bataille). La confiance en nos propres capacités s'effrite. Le doute et la culpabilité prennent une place prépondérante. Nous remettons en cause nos décisions et, de ce fait, nous sommes plus inhibés. Les actes affirmés s'éliminent. La colère et la frustration grondent en sourdine (plus ou moins fort, selon les personnes). Et le corps… implose !

VOUS RÉTRÉCISSEZ COMME UNE PEAU… DE CHAGRIN

« Je rétrécissais comme une peau de chagrin, témoigne Pauline, *je ne m'épanouissais pas alors qu'avant de faire sa connaissance, j'étais extravertie et joyeuse. J'ai commencé à le mépriser. Il me disait que je lui lançais des "phrases assassines". Heureusement que je me déplaçais à des congrès scientifiques pour prendre l'air ! »*

« J'étais bafouée en permanence », nous dit Diane.

Quant à Brice, il avait perdu toute confiance en lui. *« Je me détruisais avec des médicaments et de l'alcool. J'avais l'air d'un mort vivant. Pour C., j'étais nul, je ne savais rien faire. Elle seule avait raison. Aussitôt qu'elle en avait l'occasion, elle me ridiculisait. Elle ne tenait plus compte de mes opinions depuis la naissance de notre deuxième fille. Je suis tombé en dépression pendant deux ans. À la fin de notre relation, je carburais au whisky, j'avais des nausées et je vomissais chaque matin. J'étais d'une grande nervosité et je devenais agressif envers mon entourage. Je me sentais seul. J'ai commencé à parler de ma situation au bout de cinq ans seulement, un peu avant la naissance de notre troisième enfant que je n'ai pas choisi d'avoir. Pas plus que les autres, d'ailleurs.*

« Quelques mois avant la séparation, C. m'a envoyé chez une psychiatre. Elle ne se remettait jamais en question. Elle a même osé prendre rendez-vous avec ma psychiatre sous un faux nom. Une fois rendue dans le bureau, elle a donné cet ordre à la psychiatre : "Il faut que vous arrê-

tiez, car vous lui faites du mal!" La psychiatre l'a mise à la porte. J'ai grandement apprécié. C'est aussi grâce à mon travail et à l'amour de ma mère, de ma grand-mère et de ma compagne actuelle que je reprends confiance en moi.»

Le manipulateur passe son temps à détruire tout ce qui vous reste de confiance et assiste activement à votre déchéance en démontrant qu'il ou elle a raison. Le doute et l'anxiété vous envahissent. Vous hésitez à prendre des décisions afin d'éviter les reproches. Quoi que vous fassiez, les critiques fusent de toutes parts. Vous devenez naturellement moins efficace et la boucle se referme: le manipulateur en profite pour justifier ses remarques.

Autre fait remarquable: vous devenez **sa chose, sa possession.** Et quiconque essaie de mettre un frein à ce processus devient dangereux à ses yeux. Tout psychiatre, psychothérapeute ou médecin qui peut vous ouvrir les yeux et vous soigner (prendre soin de vous) est taxé de *charlatan*. Tout parent ou ami(e) qui ne s'est pas laissé charmer est à évincer. Toute activité extérieure qui vous épanouit devient «destructrice de l'unité familiale». Bref, tout ce qui peut vous rendre heureux, joyeux et épanoui est *à tuer dans l'œuf*!

Denis nous donne plusieurs exemples époustouflants. Son épouse, avec qui il vit encore, le ridiculise régulièrement.

- Elle s'adresse aux enfants: *«Papa est de mauvaise humeur, n'est-ce pas les filles?»,* alors qu'*elle-même* est de mauvaise humeur en permanence!
- Pour la fuir, Denis prend l'habitude de peindre. *«Au lieu de peindre Monet, tu ferais mieux de peindre un mur correctement; c'est plus utile!»*
- Il se réfugie au piano; elle l'agresse ironiquement: *«Alors, ça va, Chopin?»*
- *«Ce que tu peux être nul pour faire le café: il est trop fort (ou trop sucré)!»* Le lendemain, le café n'est pas assez fort (ou pas assez sucré).

- S'il s'habille élégamment, se parfume ou même se coiffe, elle lui lance : *« Tu peux faire ce que tu veux, tu sais, tu n'attires plus personne ! »* Un jour, il lui a répondu : *« Crois-tu ? »* Elle s'est alors empressée d'interpréter : *« Tu viens de te trahir et de m'avouer que tu as une maîtresse. »*
- *« Comment peux-tu avoir autant d'amis au cours du soir ? Tu dois sûrement porter un masque pour les séduire. En tout cas, pas un seul ne viendra à la maison, car moi, j'aime mon mari et je suis certaine que ces gens-là se moquent de lui derrière son dos. Je ne veux pas d'hypocrites à la maison ! »*

Pervers, n'est-ce pas ? Le discours, délirant ici, montre les intentions du manipulateur : il vous hait mais vous veut *là*. *Au pied* ! Il vous trouve nul, impuissant, frigide, égoïste, bon à rien… Mais il dit être le seul à vous aimer *comme ça*. Quelle sorte d'amour est-ce donc que d'aimer quelqu'un *comme ça* ?

L'ESTIME DE SOI DIMINUE

Inutile de préciser qu'à ce régime, on perd progressivement son estime de soi.

L'estime de soi est un élément fondamental de notre personnalité. Au point d'être vitale à notre équilibre psychique. L'estime de soi repose sur trois bases[11].

- *La confiance en soi* : se sentir capable d'agir avec efficacité.
- *La vision de soi* : l'autoévaluation de ses qualités, de ses potentiels, de ses limites et de ses défauts.
- *L'amour de soi* : inconditionnel, il permet de se sentir digne d'amour et de respect quelles que soient nos performances et nos échecs.

11. ANDRÉ, C. et LELORD, F., *L'estime de soi,* Paris, Éd. Odile Jacob, 1999.

L'amour de soi est le noyau d'une personne; le fondement le plus profond de l'estime de soi. Il nous permet de résister à toutes les tempêtes de la vie malgré nos nombreuses souffrances. Le respect de soi reste le garant de l'accomplissement de nos aspirations. Si quelque chose ou quelqu'un est, ou peut devenir, dangereux pour notre intégrité, l'amour de soi reprendra le dessus avant que notre identité ne soit détruite. Plus l'amour de soi est puissant, plus la réaction protectrice face aux destructeurs est immédiate. Il résiste aux critiques et au rejet. Il ne tolère pas le dénigrement quotidien.

L'amour de soi naît des gestes d'affection inconditionnelle distribués avec amour par notre famille depuis l'enfance.

La confiance en soi est plus facile à identifier que l'amour de soi. Elle est en rapport avec nos actes. Si nous avons confiance en nous, nous nous pensons capables d'agir de façon adéquate face à la plupart des situations qui surviennent dans nos vies, même les plus inattendues. L'échec est conçu comme un risque non dramatique. La peur du jugement d'autrui n'est pas excessive. L'action est donc rendue possible. Une personne dotée d'une bonne «confiance en soi» vit évidemment des échecs elle aussi. Mais les réussites sont plus fréquentes, car elles sont générées par une solide confiance en ses atouts. Cette confiance nourrit l'ensemble de l'estime de soi en retour.

La confiance en soi se transmet dès l'enfance grâce aux modèles et discours parentaux, grâce aux modèles et discours des enseignants aussi. Si une éducation perfectionniste, surprotectrice ou encore dévalorisante n'a pas permis cette construction de la confiance en soi, cette dernière peut néanmoins s'acquérir à l'âge adulte.

La troisième base de l'estime de soi est ce qu'on appelle **la vision de soi.** Lorsqu'elle est positive, elle permet de croire en ses qualités, de voir ses limites et de se projeter dans l'avenir. Elle influence ainsi la confiance en soi. La vision de soi positive ou négative n'est pas toujours réaliste. Il s'agit de la conviction subjective de l'existence de défauts ou de qualités chez soi qui n'ont pas nécessairement un lien avec la réalité objective. Les visions projectives de nos parents sur nous ont sans aucun doute beaucoup à voir avec notre perception de nous-mêmes. La perception positive que nos parents avaient de nos capacités peut avoir été bénéfique et encourageante. Cependant, elle peut parfois provoquer le résultat inverse : générer la crainte de ne pas être à la hauteur des aspirations de notre entourage. Nous pouvons être convaincus d'être dignes de réussir et en même temps terrifiés à l'idée d'échouer, donc de décevoir.

Une vision de soi médiocre ne nous permet pas d'atteindre nos rêves intimes. C'est elle qui explique, par exemple, le manque d'ambition, malgré les qualités (parfois exceptionnelles) que les autres peuvent nous reconnaître. C'est encore cette vision de soi médiocre qui explique le fait d'être très complexé par des défauts pourtant insignifiants aux yeux d'autrui.

Les composantes de l'estime de soi se forment donc très tôt dans notre existence et interagissent. Or, toute notre vie, l'estime de soi doit être nourrie. Quels sont ses aliments de base ? Les sensations suivantes : être aimé, estimé, pris en compte... être capable, compétent, efficace, utile, etc.

Ces nourritures de l'estime de soi, nous sommes capables de nous les prodiguer, mais nous attendons aussi une contribution de la personne qui partage notre vie.

Même si vous avez une assez bonne estime de vous-même, un conjoint manipulateur transforme ce nutriment indispensable à votre équilibre psychique en un poison distillé quotidiennement. Il manie cet art pervers de vous faire croire qu'il vous distribue de l'amour (puisqu'il affirme vous aimer), en même temps qu'il vous nourrit de dépréciations et de critiques qui amoindrissent votre confiance en vous.

Si le conjoint vous dit : *« Comment peux-tu prétendre retrouver un travail ? Tu n'es même pas capable de surveiller correctement les de-*

voirs de tes propres enfants ! Si Cédric avait vraiment été aidé, il ne redoublerait pas cette année », votre confiance et votre vision de vous-même sont sérieusement égratignées. Clarifions cette manipulation.

- *« Comment peux-tu prétendre retrouver un travail ? »* met en cause votre optimisme et votre confiance en votre potentiel. Il tente de vous décourager de chercher un épanouissement à l'extérieur qui vous permettrait d'exercer vos compétences.
- Pour imposer la vision qu'il a de vous, il l'associe avec une lacune comportementale lorsqu'il affirme que vous ne surveillez pas les devoirs scolaires des enfants. Il y a des chances que cette affirmation soit erronée comme à l'accoutumée. Par ailleurs, le rapport entre vos envies professionnelles et la surveillance des devoirs à la maison n'est pas logique.
- La culpabilisation vient enfoncer le clou lorsqu'il vous fait croire que vous êtes seul responsable de l'échec d'une année scolaire d'un des enfants. On retrouve là sa faculté à se déresponsabiliser de tout échec en reportant la faute sur autrui.

Vous essayez peut-être de résister en vous justifiant et en démontrant l'irrationalité du propos ? Le conjoint manipulateur contre-attaque avec ses contre-argumentations. Se battre pour prouver qu'il a raison ne le fatigue pas. Vous, oui. Si vous abandonnez la discussion cette fois-ci, tout en gardant une bonne image de vous, cette image sera à nouveau mise à l'épreuve pour une autre *niaiserie* dans peu de temps. **Ce n'est pas une égratignure ponctuelle de votre estime de soi qui rend le procédé dangereux, mais la répétition de cette blessure pendant des mois ou des années.** Le manipulateur manœuvre la partie rationnelle de votre mental. Même si vous êtes initialement doté d'une haute estime de vous-même, la confusion se fraye un chemin dans votre équilibre en quelques mois. À ce stade de la relation, les compliments de la part de ce conjoint diminuent, alors que les reproches et autres remarques désobligeantes deviennent de plus en plus courantes. De plus, le manque de soutien social (amical, familial et professionnel) ne permet plus de trouver ailleurs les nourritures essentielles de l'estime de soi.

Si vous avez préalablement acquis une confiance et une image de vous-même appréciables, vous n'avez pas la garantie de les conserver face à un tel harcèlement, si subtil soit-il. Cependant, vous pouvez préserver votre confiance dans un domaine précis, comme par exemple avoir la conviction d'être compétent dans votre milieu de travail. Encore là, le manipulateur (et le pervers) est capable de détruire ce qui peut *vous* rendre glorieux et le surpasser, *lui*.

Qu'en est-il lorsque l'estime de soi n'est pas au beau fixe avant cette rencontre ?

Les personnes sensibles à leur image sociale cultivent le doute. Si c'est votre cas, vous devenez alors influençable et dépendant des interlocuteurs et des circonstances. Certains abusent de votre manque de discernement et d'esprit critique. Les manipulateurs jouent aisément avec votre besoin de plaire et surtout celui de ne pas déplaire !

La différence avec une personne dotée d'une bonne estime personnelle réside dans la **durée de la résistance** à la probable cassure narcissique. Autrement dit, il faudra plus de temps au manipulateur pour rendre misérable une personne qui a fortement confiance en elle, comparativement à une autre qui n'a pas une bonne estime personnelle. Il ne semble pas qu'une différence puisse être perçue sur le plan de la profondeur des dégâts psychologiques. Il semblerait que les victimes dotées initialement d'une bonne estime d'elles-mêmes **retrouvent plus rapidement leur confiance après la rupture,** avec de l'aide extérieure. Celles qui manquaient au départ de confiance, de vision positive et d'amour d'elles-mêmes conservent un goût amer d'une telle expérience. Ces victimes se trouvent dans un tel état de détresse que l'idée qu'elles attirent ce genre de personnage est malheureusement renforcée. Le soutien social et l'aide d'un psychothérapeute capable de comprendre les mécanismes entourant les relations particulières avec les manipulateurs sont indispensables. Ces deux types de soutien accélèrent le processus de déculpabilisation (une victime n'est pas coupable) et de la *restauration* de la confiance dans un premier temps. Vient ensuite l'occasion pour cette personne de reconnaître ses besoins, de les respecter, d'agir différemment pour se débarrasser de son excessive peur du rejet, de commencer à se plaire à elle-même, d'apprendre à se faire plaisir au moins autant qu'on a voulu plaire aux autres, d'accepter de se gratifier après un travail de perception de ses qualités et de retrouver une plus juste vision de ses défauts (trop amplifiés). Un travail thérapeutique est efficace quand il commence à aider la victime à retrouver confiance en elle (par l'action), à avoir une bonne vision d'elle-même (en projetant ses capacités dans l'avenir) et, progressivement, à construire un amour de soi. Cette dernière étape exige plusieurs années en raison de sa profondeur et de ses versants plus spirituels.

Résumons par un schéma les implications engendrées chez le partenaire d'un manipulateur.

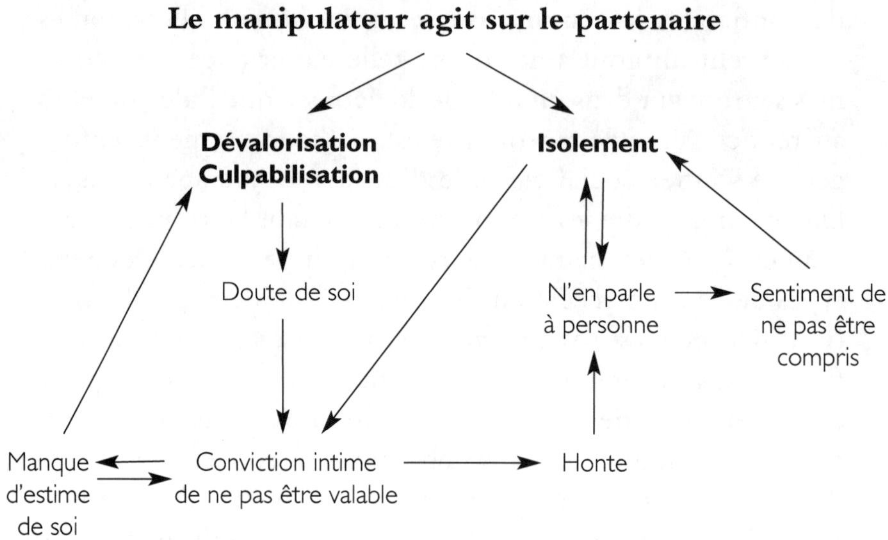

VOTRE CORPS VOUS AIME : IL TOMBE MALADE !

Bien que ce titre semble paradoxal, il n'en demeure pas moins tout à fait juste dans la réalité.

Comment peut-on imaginer qu'en tombant dans la maladie, notre corps nous veuille du bien ?

Au-delà des fonctions vitales de locomotion, d'outil et de procréation, le corps est le réceptacle et le gardien des messages du psychisme. Par son expression de la souffrance, il nous alerte. Il nous parle. Pour le comprendre, il nous faut cependant un décodeur !

En effet, si certaines pensées sont conscientes, la plupart d'entre elles ne le sont pas et s'inscrivent dans l'inconscient. Les émotions et les sentiments en font de même. Tout ce que nous vivons *s'enregistre* « quelque part » dans nos cellules et est préservé par l'inconscient.

Les rêves, les lapsus et les actes manqués (actes socialement inadaptés qui réalisent un désir inconscient) émanent de notre inconscient. Les messages qu'ils véhiculent peuvent «se décoder». Il en va de même pour les symptômes du corps. Certes, celui-ci peut subir des lésions purement physiques (par exemple: nous nous coupons en marchant sur un morceau de verre) et la douleur ressentie grâce à nos récepteurs neurologiques périphériques nous informe qu'il faut réparer ou soulager le dommage rapidement. Le lien de cause à effet nous paraît alors évident. On constate la même chose sur le plan des symptômes organiques: une intoxication alimentaire, par exemple. Aucun mystère de ce côté-là non plus.

Si le corps est sensible aux lésions physiques, il l'est tout autant aux «lésions psychiques».

Par «lésions psychiques», je fais référence à nos sentiments négatifs comme l'anxiété, la peur, la culpabilité, la tristesse, la déception, la dépression, la colère, etc. Or, ces émotions sont difficiles à reconnaître pour un bon nombre d'entre nous. Qu'à cela ne tienne, si votre cerveau conscient ne veut rien reconnaître, le corps, lui, est immédiatement alerté. Une lésion psychique se traduit d'abord par des symptômes physiques. Si la douleur morale perdure, ces symptômes s'intensifient, s'installent en permanence et s'organisent en *syndromes,* c'est-à-dire en maladies. Ce sont «les signaux de stress». Et pour cause: le manipulateur est l'un des plus grands stresseurs relationnels!

J'ai choisi de ne pas dresser une liste complète de ces symptômes[12], mais plutôt de laisser quelques conjoints de manipulateurs témoigner de leur cas.

Les symptômes de stress se développent sur quatre plans:

- psychologique;
- somatique;
- comportemental;
- de la performance.

12. Liste que vous trouverez dans tous les ouvrages sur le stress.

Voici quelques exemples de réactions courantes **sur le plan psychologique** : fatigue et lassitude, dépression, anxiété, irritabilité…

Sur le plan somatique : insomnies, troubles digestifs, céphalées (maux de tête, migraines), psoriasis, tensions musculaires, troubles hormonaux, etc.

Sur le plan comportemental : augmenter sa consommation de tabac ou d'alcool, boulimie, nervosité, etc.

Sur le plan de la performance : démotivation, déconcentration, troubles de la mémoire, manque d'efficacité, erreurs plus fréquentes, etc.

« Je me sentais de plus en plus mal, étriquée, stressée (plan psychologique), se souvient Dominique. *Une crise d'eczéma généralisé* (plan somatique) *s'est déclenchée quelque temps après que je suis sortie avec lui. Le dermatologue n'a rien pu faire. Je n'ai pas fait le lien à l'époque. Mes maux de dos* (plan somatique) *sont devenus plus fréquents. J'avais de la difficulté à respirer* (plan somatique) *tellement je me sentais oppressée* (plan psychologique). *J'ai énormément fumé* (plan comportemental). »

Agnès se rappelle ses insomnies, son hypersensibilité, son état de manque affectif comme si elle était droguée. *« Mon bébé s'est présenté par le siège. Le cordon s'était enroulé deux fois autour du cou, ce qui, au dire de certaines sages-femmes est dû à des troubles psychologiques vers la vingtième semaine de grossesse. Cela correspond effectivement à l'arrivée de son père à mon domicile. »*

« Je souffrais d'allergies, de psoriasis, d'arthrose, de tétanies (crises de contractions musculaires spasmodiques)…, raconte Raymonde. *Je n'ai pas subi de dépression mais deux épisodes d'épuisements physiques de trois mois. Une maladie héréditaire handicapante s'est finalement manifestée. J'ai pleuré tous les jours pendant un an, au point de ne plus avoir de larmes aujourd'hui. Pendant un an, je me suis réveillée en sursaut avec des angoisses terribles. »*

Denis, quant à lui, a plongé dans une grave dépression accompagnée d'idées suicidaires. Une terrible asthénie (état de fatigue et d'épuisement) qui l'a cloué des semaines sur son lit!

Pauline raconte: *« Mes maux de tête étaient très fréquents. J'étais vraiment crispée et extrêmement fatiguée. J'ai subi une maladie gastro-intestinale pendant 10 ans. Cette maladie a soudainement disparu le lendemain de ma séparation de mon mari! Un médecin m'avait d'ailleurs alertée. Je risquais de générer un cancer du sein. Je n'avais plus de joie de vivre. J'ai grossi de 15 kilos pendant mon mariage: je grignotais pour me calmer. »*

En analysant l'implication corporelle de la douleur morale, nous pourrions en donner une seconde interprétation.

La personne faisant l'objet de violence psychologique ne laisse pas échapper ses réactions émotionnelles. Celles-ci se retournent contre la victime elle-même. Autrement dit, le conjoint victime s'interdit d'exploser et *implose*! Tout cela se passe sur un mode inconscient: il s'agirait d'une forme d'autodestruction qui, poussée à son paroxysme, conduirait tout droit au suicide. Sans avoir de chiffres statistiques précis, j'ai constaté que de nombreux partenaires de manipulateurs ont des pensées suicidaires. Ceux qui sont passés à l'acte et qui ont réussi ne sont plus là pour en témoigner. La dépression, si fréquente dans de tels cas, serait pour sa part une expression détournée de la colère contre soi-même.

UN CORPS À SOIGNER

Nadine, 57 ans, fait le récit de son travail thérapeutique. Elle s'était mariée en pensant trouver une sécurité.

« Mon mari a 29 caractéristiques. Pendant toute la durée du mariage, j'ai été très malheureuse. Mon mari voyageait beaucoup, ce qui me permettait

de tenir le coup. Depuis qu'il ne voyage plus, je me fais soigner par un psychothérapeute. J'ai été malade toute ma vie de femme mariée. J'ai souffert d'une grave maladie des intestins et d'une dépression. J'ai eu des pensées suicidaires et même des envies de meurtre. Personne (encore moins moi-même !) ne comprenait ce qui se passait. J'ai deux filles maintenant mariées. J'ai eu très souvent envie de le quitter. Ce qui m'en a empêché ? Le fait qu'il prenne les enfants en otage sûrement ; mais aussi l'impression que je ne savais pas vivre sans lui. Le plus difficile a été de ne plus avoir de repères.

« Je ne me soigne que depuis trois ans ! Lorsque j'ai commencé ma thérapie, sa réaction fut violente verbalement (jamais il ne m'a agressée physiquement). C'est un psychothérapeute, il y a un an, qui m'a fait découvrir que mon mari est un manipulateur. Cela m'a beaucoup aidée. J'ai lu le livre et j'ai fait des jeux de rôle avec le médecin.

« Ce qui a émergé de la thérapie ? Beaucoup de colère d'abord, puis beaucoup de chagrin. Et maintenant de l'irritation. Je consulte une réflexologue (masseur des pieds par points de pression afin de favoriser une meilleure circulation ; le but est de fragmenter les dépôts de déchets métaboliques le long des terminaisons nerveuses) *pour éliminer cette tension. Mon tic nerveux et mes crises de sciatique ont complètement disparu.*

« Dans l'ensemble, tout va beaucoup mieux. Je continuerai à me soigner. J'ai très bien compris qu'il fallait me protéger et c'est ce que j'apprends très vite, dit le docteur. Maintenant, j'ai plusieurs personnes de mon entourage qui comprennent et croient ce que je raconte. J'ai eu une mère manipulatrice qui divisait pour régner. J'ai l'impression qu'il est plus difficile de vivre avec un conjoint manipulateur qu'avec un parent du même type.

« Actuellement, il n'a plus d'influence sur mon psychisme. Il n'a que le pouvoir de détenir la bourse. Mon thérapeute dit que j'ai obtenu la liberté mais pas encore l'autonomie. Cela viendra ! ! ! »

DU SOUTIEN DE SA PART ?

Quand vous êtes malade, le manipulateur ne semble pas ressentir de compréhension ni de compassion à votre égard. C'est comme s'il ou si elle ne vous croyait pas. Comme s'il avait besoin, surtout, de votre force intérieure, de votre énergie vitale pour continuer à vous vampiriser. Tout en les créant, il trouve vos états de faiblesse insupportables.

Pauline a porté les paquets elle-même tout au long de sa grossesse. Son mari pervers (qui lançait des couteaux à travers la pièce pour la terroriser) se vengeait d'un refus qu'elle lui avait formulé lorsqu'il avait voulu la rejoindre à un congrès professionnel. Il ne s'intéressait pas à son état de santé. Et elle allait mal. Alors que Pauline a tenu très longtemps le rôle d'infirmière auprès de son mari, celui-ci n'a jamais démontré aucune forme de soutien, même durant ses grossesses.

Dans le même ordre d'idées, le conjoint de Sylvie l'a laissée seule huit jours avec un problème médical. Il n'a pas appelé ; ni pour prendre des nouvelles ni pour en donner. Et voici un exemple parmi tant d'autres : alors que Sylvie avait de fortes douleurs dorsales, P. se plaignait de souffrir deux fois plus qu'elle du même mal !

Très souvent, le manipulateur ne prête aucune attention à vos plaintes, ou bien en minimise l'importance. Il vous accuse d'exagérer ou il parle de son cas à lui, qu'il considère comme étant plus grave, et donc seul digne d'intérêt... En revanche, lorsque lui-même est touché par le mal physique, c'est tout juste si la terre ne devrait pas s'arrêter de tourner pour s'occuper de lui seul !

Un semblant de compassion peut pourtant le traverser lorsqu'une autre personne que vous est en difficulté. Il est d'ailleurs capable de se mettre en quatre pour quelqu'un ayant le même problème de santé que vous avez déjà eu. La différence entre vous et cette personne ? *Vous* n'avez eu droit à aucune considération de la part de votre conjoint, il vous a négligé(e) et est maintenant « aux petits soins » avec quelqu'un d'autre. Le manipulateur donne ainsi une bonne image de lui-même et peut faire croire aux étrangers que le sort de l'humanité l'émeut au plus haut point ! Ainsi, il peut militer pour Amnistie internationale ou la Croix Rouge, et être un vrai tyran dans sa vie privée.

Raymonde, 59 ans, a développé, comme ses deux sœurs, une maladie héréditaire handicapante à 80 %. Après 43 ans de vie commune et malgré sa maladie, elle vient de se séparer de son époux. *« Je me sentais de plus en plus étouffée. Il a fallu que je tombe gravement malade pour me rendre compte qu'il me détestait et qu'il n'avait que faire d'une vieille femme handicapée. Il a profité de mon énergie et de ma jeunesse pour finalement me jeter comme un vieux chiffon. Quand je pense qu'au cours de ses nombreuses hospitalisations, je restais avec lui parfois jusqu'à quatre jours et quatre nuits d'affilée tellement il paniquait. Il me jurait amour et fidélité jusqu'à la fin de ses jours et me promettait la même assistance si je tombais malade. Mais dès les premiers symptômes de ma maladie, à la cinquantaine, il s'est de plus en plus détaché de moi. Pour lui, la vie consiste à boire, à manger et à rigoler. Mes difficultés ne l'intéressent pas. »*

ÊTES-VOUS MASOCHISTE ?

Si le masochisme est défini comme la recherche active de la souffrance pour soi, je ne pense pas que cette définition s'applique aux conjoints masculins et féminins de manipulateurs que j'ai rencontrés.

Et cela pour plusieurs raisons.

1. Les victimes, pour la plupart, quittent leurs bourreaux. Ce qui ne veut pas nécessairement dire que ceux et celles qui restent ont un profond besoin inconscient de souffrir. Nous verrons ce qui motive et inhibe ceux qui ne se séparent pas.
2. Ceux qui se sont sortis de cette relation se sentent réellement soulagés et libérés. Ils ne ressentent pas le besoin de rétablir des relations de souffrance. Bien au contraire, ils

font preuve d'une grande méfiance pour ne pas retomber dans le piège.
3. Certains ont refait leur vie avec une compagne ou un compagnon qui n'est ni manipulatrice ni manipulateur, ni perverse-sadique ni pervers-sadique. Ils se sentent bien, apaisés ou heureux. Ils reprennent confiance en eux. La souffrance ne leur manque pas.
4. Ce n'est pas parce qu'on tombe amoureux d'un manipulateur et que la relation dure, que la seule raison soit le masochisme!
5. La phase de séduction, au tout début de leur relation, ne montre que peu d'indices de ce que la relation va devenir. Or, il s'agit d'une phase d'emprise de la part du manipulateur. Il est beaucoup plus difficile de s'en extraire que de se retirer d'une relation amoureuse normale, où les deux partenaires n'ont plus rien à partager.
6. La peur est un sentiment très puissant qui nous paralyse. Le manipulateur établit toujours un climat de peur. La peur d'une souffrance plus grande (même irrationnelle) peut empêcher la victime de se soigner d'une souffrance présente.
7. Le masochisme est une perversion. Le thème de ce livre ne traite pas du *couple pervers,* même si un ou deux cas peuvent nous y faire songer.
8. Les victimes de manipulateurs ou de pervers de caractère sont dans un état de très grande détresse.

Si vous étiez véritablement masochiste, vous ne vous poseriez probablement pas la question de savoir si vous l'êtes (vous n'auriez que faire de la réponse). Les masochistes, contrairement aux apparences, ont beaucoup de pouvoir dans leur couple.

Denis a consulté plusieurs psychothérapeutes d'obédience freudienne. *« Les thérapeutes me faisaient remarquer d'emblée qu'inconsciemment, j'avais souhaité rencontrer ce type de situation et qu'inconsciemment, je le désirais. Je ne veux pas dire que dans mon cas ce soit totalement faux, mais ce n'est pas la réponse qu'on souhaite recevoir dans l'immédiat. Mon thérapeute affirme, lui, qu'il n'a jamais appris ce qu'était un manipulateur durant ses études : " Ce truc-là est fort à la mode, mais je n'y crois pas trop, me dit-il. " Je suis abasourdi d'entendre de pareilles choses de la part d'un professionnel qui ne m'apporte finalement aucune aide ! »*

QUE FAIRE ?

- Veillez à ce que l'amour vous procure avant tout bonheur et équilibre.
- Ne confondez pas culpabilité, pitié, peur, dépendance affective... et amour.
- Comparez une critique constructive et une critique destructrice faites à votre égard.
- Repérez dès les premiers mois toute perte de confiance en vous ou toute baisse d'estime de soi prolongée.
- Repérez les symptômes psychosomatiques et décodez-les.
- Soignez-vous et laissez-vous soigner par des professionnels de la santé physique et mentale.
- La relation vous détruit ? Rompez ! Difficile ne veut pas dire impossible.
- Ne vous laissez pas détruire. La dépression est un autre enfer. Les pensées suicidaires marquent aussi une frontière à ne pas dépasser. Mieux vaut se séparer et construire une autre vie que mourir.

CHAPITRE 8

Des discussions qui rendent fou

Les manipulateurs ne communiquent pas de façon simple, authentique, claire et saine avec autrui.

Ils s'arrangent pour détourner la communication de son objectif premier et affirment que c'est vous qui communiquez mal !

IL (ELLE) FUIT LA DISCUSSION

De façon subtile ou franchement évidente, le manipulateur fuit toute discussion qui le met dans l'embarras.

Que fait-il pour **clairement** fuir une discussion ? Ceci :

- il refuse ouvertement toute discussion (exemple : refuse de consulter un thérapeute conjugal avec vous) ;
- il est absent alors qu'il a promis de venir ;
- il arrive en retard (la majorité des manipulateurs ne respectent pas la ponctualité et se font attendre) ;
- il s'échappe physiquement en pleine discussion (il change de pièce, sort « faire un tour » ou raccroche soudain le téléphone) ;

- il arrête subitement une conversation avec vous (surtout lorsque c'est vous qui êtes en train de parler) et se met à téléphoner à quelqu'un d'autre ;
- il s'intéresse à autre chose lorsque vous prenez la parole (écoute aversive) ;
- il remet toujours à plus tard en inventant de nouvelles excuses ;
- il boude avant que le débat ne soit clos.

Voici une liste de moyens plus **subtils** utilisés par le manipulateur pour fuir une discussion authentique, notamment pour résoudre les problèmes :

- il détourne le sujet ;
- lorsque vous exprimez de la colère, il dit soudain une phrase du type : « T'as de beaux yeux, tu sais » ou « Tu es belle quand tu es en colère » ;
- il interprète : il transforme ce que vous dites et vous prête de fausses intentions ;
- il projette : il vous accuse d'avoir un comportement ou une intention qui correspond davantage à ses comportements ou à ses intentions à lui (ex. : *« Avoue que tu as un amant ! »* alors qu'il (ou elle) vit ou désire une relation extraconjugale) ;
- il affirme détester les conflits (en réalité, il les provoque). Il justifie ainsi sa non-participation au débat qui vous tient à cœur ;
- il répond évasivement ;
- ses formulations (mots, syntaxes, etc.) sont incompréhensibles ; votre argumentation ne peut donc plus rebondir sur un argument concret ;
- il ment ;
- il se manifeste uniquement de façon non verbale (haussement d'épaules, soupirs, regard désapprobateur, yeux en l'air, sourire ironique, froncement des sourcils, etc.).

De plus, le manipulateur utilise la bouderie de manière courante. Il boude des heures entières et vous affirme simplement que vous en connaissez la raison. Il s'agit le plus souvent d'une mesure de représailles dans le but de vous culpabiliser.

DES AFFIRMATIONS TRANSFORMABLES SELON...

Nous avons l'impression que le manipulateur nous communique ses besoins, ses jugements sur nous et sur autrui, et ses opinions sur le monde. Mais ceux-ci **changent constamment et s'inversent selon les personnes et les situations** qu'il rencontre. Un jour, il vous complimente et le lendemain, il **vous** demande ce qu'il a bien pu vous trouver!

Le manipulateur est doté d'un talent inégalable pour retourner les situations. Il lui est aisé de modifier avec conviction ce qu'il affirmait il y a quelques jours, heures, voire quelques minutes!

La cohérence des propos et des idées est indispensable à tout échange interpersonnel. Le manipulateur est incohérent et ne semble même pas s'en apercevoir. Il nie effrontément avoir changé d'avis. Il sème alors le doute dans votre esprit (vous n'êtes plus sûre ou sûr du tout de ce que vous avez entendu), car son ton est ferme et laisse peu de place à la contradiction.

Chaque fois que Denis décortique les incohérences de son épouse, celle-ci répond évidemment: *«Je n'ai jamais dit (fait) ça!»* Lorsqu'il insiste, elle se défend par: *«Tu es un dangereux psychopathe! Non seulement tu es parano et tu prends tout de travers, mais en plus tu as des hallucinations auditives!»* Heureusement (malheureusement), ses filles sont témoins et cela soulage Denis «quelque part». Il commente: *«Elle est tout autant capable de faire l'inverse. C'est-à-dire ne rien me demander par exemple, puis, tout à coup, faire semblant qu'elle vient de me réclamer quelque chose en disant: "Où est le pinceau que je t'ai demandé?"»*

Même en présence de témoins, le manipulateur est capable de nier farouchement toute contradiction évidente. Or, les témoins sont rares dans un couple et la confusion peut vous faire douter : « Suis-je fou (folle) ? Elle (il) m'a pourtant dit (cela) ! »

Autre exemple : le conjoint de Sylvie avait demandé celle-ci en mariage (ce dernier n'a pas eu lieu), mais affirme n'avoir jamais formulé cette proposition !

Le manipulateur semble ne pas avoir conscience de cette forme de mensonge.

Certes, **le mensonge** fait partie des caractéristiques des manipulateurs. Ce qui ne veut pas dire qu'ils mentent à tout propos. Ils peuvent **falsifier ou omettre une partie de la vérité**. Il ne s'agit pas là d'un « oubli » mais d'une *désinformation volontaire*. Là encore, si vous découvrez la vérité, ils tentent de retourner la situation pour vous convaincre que vos preuves n'en sont pas !

« Un jour, raconte Sylvie, *j'ai découvert une lettre enflammée de mon compagnon P. adressée à une femme. Je lui ai demandé ce que cela signifiait. Il m'a répondu que cette personne n'existait pas ! Qu'il avait fait ce courrier pour… me rendre jalouse ! Mais peu à peu, les faits s'accumulaient pour me prouver l'existence de cette femme. Finalement, il a admis l'avoir rencontrée, mais s'est empressé de me faire croire que "rien ne s'était passé" ! »*

Prêcher le faux pour savoir le vrai est une autre tactique du conjoint manipulateur mise au point pour vous surveiller. La pratique la plus courante consiste à transformer une supposition en affirmation ou à poser une question incluant un élément erroné.

« Ta sœur a bien fait de vendre sa voiture à ton frère. »

« Elle lui a *donné* la voiture, elle ne l'a pas *vendue* ! »

Le tour est joué. Le manipulateur se demandait si le frère avait maintenant assez d'argent pour s'acheter une voiture d'occasion. La véritable question est d'autant mieux diluée quand la conversation est légère et positive.

Cette forme de communication vous oblige à constamment décoder la signification sous-jacente de ses formulations verbales, mais aussi de ses aspects non verbaux (mimiques, tons de voix, regards, attitudes, silences, etc.). **Épuisant !**

Le manipulateur ne dialogue pas. Il **monologue sur ses idées préconçues**. Il est persuadé qu'il détient toute l'information sur le sujet dont vous discutez : une façon sournoise de ne pas avoir à débattre intelligemment. Il n'écoute plus lorsque l'interlocuteur émet son avis, coupe la parole, dirige son regard de l'autre côté ou fait « non » de la tête pendant que l'autre s'exprime. Il est très difficile de lui faire changer sa perception ou son opinion. Tout au plus, pouvez-vous caresser l'illusion que vos propos l'ont influencé. Pas pour longtemps ! Il peut finir par être d'accord avec vous sur le moment, mais retrouver ses schémas antérieurs quelques jours plus tard. Par exemple, pour vous plaire, il vous promet que vous et lui trouverez un nouvel appartement pour juillet (vos arguments étaient solides, il a fini par céder), mais vous constatez que décembre arrive et que vous n'avez toujours pas bougé !

Le manipulateur énonce ses idées comme s'il s'agissait de vérités universelles. Il est capable d'inventer des proverbes. Il est passé maître dans l'art de **faire glisser un propos *du particulier au général*.** Son discours semble logique, mais il s'appuie le plus souvent sur des cognitions erronées à la base (croyances, interprétations, principes). L'utilisation de principes moraux et de généralités qui peuvent être créés de toutes pièces permet au manipulateur d'éviter la responsabilité d'un jugement personnel. Ainsi, s'il prononce la phrase « les chiens ne font pas des chats » en constatant la crise de colère de votre enfant (le sien aussi !), il est bien évident que le message s'adresse à vous. La remarque est d'autant plus stupide que la colère des enfants n'a rien d'héréditaire. Mais tous les prétextes sont bons pour vous attaquer !

Les principes, les maximes et les proverbes qu'il emploie sont interchangeables selon les contextes et selon ce qui l'arrange. Par exemple, un jour il utilise le proverbe « Qui se ressemble s'assemble » pour vous lancer son opposé quelques jours plus tard : « Les contraires s'attirent. »

Pour vous déstabiliser, le manipulateur peut faire usage d'une bonne dose de *sophistication* dans le vocabulaire et les formes syntaxiques. Plus les mots sont savants, plus les syntaxes sont tordues, moins vous saisissez ce qu'il vous dit.

SI LES MOTS POUVAIENT TUER...

Très rapidement, le manipulateur éloigne la discussion de votre propos initial et dévie sur des paroles médisantes. Par exemple : il ou elle vous demande un verre d'eau. Il vous reproche de ne pas l'avoir assez rempli et, en 45 secondes, il vous accuse « d'être aussi radine que votre famille qui n'a jamais voulu lui prêter d'argent », etc. Vous voilà embarquée dans des discussions stériles, puisque le débat sur le contenu n'est que la partie émergée de l'iceberg. Son objectif reste de vous calomnier, de vous culpabiliser, de vous faire perdre la notion du réel, de vous mettre en colère, de vous laisser sans voix, de créer un sentiment d'insécurité... vous déstabiliser. Ce processus permet au manipulateur de reprendre un semblant de contrôle sur la discussion. D'ailleurs, il finit souvent par conclure que « vous vous noyez dans un verre d'eau » !

Le mode de perception du manipulateur et ses processus cognitifs sont perturbés dans le sens pathologique du terme. ***Vous ne cessez de vous interroger sur l'irrationalité du raisonnement de ce partenaire.*** La communication perd son sens. Elle est pervertie pour se muer en une arme de contrôle et de pouvoir sur vous.

Une de mes amies infirmière en milieu psychiatrique a littéralement été vampirisée par un amant manipulateur pervers (gynécologue de surcroît). Lors de leurs ébats amoureux, il lui susurrait de façon répétitive: «J'aurai ton âme.» Il a bien failli réussir, car elle a dû être hospitalisée à plusieurs reprises pour une asthénie inexplicable... Elle-même, à cette époque, ne comprenait pas de quoi elle souffrait. Les médecins ont fini par conclure à une leucémie atypique. Elle avait laissé tout ce qu'elle aimait derrière elle, son jeune fils (qui vivrait désormais avec son ex-mari), sa maison, son travail et sa religion (elle était catholique pratiquante) pour suivre cet homme et se mettre à apprendre le Coran. Épuisée et malade, seule dans la maison ce jour-là, elle se mit à prier Dieu avec ferveur tout en tournant machinalement autour de la table de la cuisine. Ce fut soudain le réveil d'une nouvelle conscience. *« Croyez-moi ou non, j'étais envoûtée ! Jusqu'à sa façon de me parler... il tuait la vie en moi »,* dit-elle. Elle quitte donc le domicile et s'en va se réfugier chez ses parents. La guérison est pratiquement instantanée: il lui fallait oser cette brutale rupture pour se sortir enfin de cet enfer. Cependant, même trois ans après, elle en gardera des séquelles. Elle se réveillera encore à 4 h du matin, heure à laquelle «l'homme qui voulait son âme» avait l'habitude de la réveiller pour avoir des relations sexuelles.

L'impact psychologique des mots est phénoménal. Des petits mots peuvent traduire une grande violence. Ils résonnent en nous comme le ferait un coup de marteau sur la tête. L'exemple de Dominique l'illustre parfaitement.

« Un jour, raconte-t-elle, *Y. décida qu'il allait dorénavant m'appeler "Pupute" ! J'étais abasourdie. J'ai refusé catégoriquement. Il a alors rétorqué que je n'avais pas à me mettre dans un tel état puisqu'il ne s'agissait que d'un mot, pas plus ! Il continuait d'argumenter qu'on avait le droit d'inventer des mots et qu'il aimait bien celui-ci. Il n'a eu que faire de mon interdiction et chaque fois qu'il m'appelait "Pupute", je me mettais dans une rage folle. Un soir qu'il m'appelait ainsi devant des gens lors d'une réception, j'ai décidé de me venger sur le même mode. Alors qu'il était au milieu de la foule et qu'un de ses amis le réclamait,*

j'ai pris mon courage à deux mains et j'ai hurlé : " Sale pédé, viens par-là ! " Il était couvert de honte. Je lui ai dit qu'il ne s'agissait que d'un mot et je lui ai demandé quel effet cela lui faisait de s'entendre appeler comme ça. Dès lors, il ne m'a plus jamais appelée " Pupute ".

L'utilisation de mots extrêmes, quand ils ne sont pas insultants comme dans l'exemple ci-dessus, est courante. Le manipulateur ne fait pas de nuances. Il use abondamment des « toujours », « jamais », « de toutes les façons », « rien », « tout », « nul », etc. Ses façons de penser sont de l'ordre du « tout ou rien » (cognitions dichotomiques), par exemple : si ce n'est pas parfait, c'est donc nul.

« Tu as toujours acheté des chaussures trop grandes aux enfants », dit le mari de Pauline à celle-ci sur un ton de reproche. Sur les conseils d'une vendeuse, Pauline avait un jour acheté une paire de chaussures d'une pointure supérieure à l'un de ses enfants. C'est la seule et unique fois qu'elle a fait cela. *« Tu ne t'es jamais occupée du bébé »,* continue-t-il. Pauline a allaité ses trois bébés en plus de leur conférer les soins normaux. *« Tu ne t'es jamais promenée avec les enfants »,* ajoute-t-il. Elle ne les promenait pas en forêt, mais elle les emmenait au cinéma, au théâtre, aux spectacles de marionnettes, au centre sportif et au cirque.

Les mots peuvent être au service de l'humour. Certains manipulateurs sont drôles et humoristiques en public. Ils savent en faire profiter l'entourage, généralement sous le charme. Dans l'intimité comme en public, l'humour devient **sarcastique et ironique** envers les autres et particulièrement envers le partenaire. Le véritable message se cache sous les mots et le ton de la voix. Il ne s'agit pas de simples remarques taquines, mais bien d'une hostilité masquée. L'ironie est une raillerie consistant à ne pas donner aux mots leur valeur réelle ou complète, ou à faire entendre l'inverse de ce qu'on dit. Ainsi, dire quelque chose dans l'intimité et laisser entendre le contraire en public, faire ressentir de la tension et de l'hostilité sans que rien ne soit clairement exprimé, représentent des armes efficaces. Il est donc naturel que le conjoint ciblé par ces attaques sournoises y réagisse le plus souvent avec agressivité. Le manipulateur s'empresse alors de le qualifier de *« susceptible »*, d'*« hypersensible »*, de *« parano »* ou *« dénué d'humour »*. La moquerie semble beaucoup exciter les personnalités narcissiques, sauf si celle-ci leur est adressée bien sûr !

Le manipulateur impose une communication au service de **la dévalorisation**. Il ridiculise le partenaire en public, se moque de ses convictions, de ses goûts, de sa religion, de ses origines, de son aspect physique, etc. Déprécier autrui implique un but paradoxal : la gratification personnelle du manipulateur ou du pervers. Parmi toutes les expressions dévalorisantes, citons quelques exemples retenus par les témoins : *« Tu es un despote, un égoïste, une femme facile, une salope, ou encore une putain. »* Les insinuations (*Si tu as raté ta vie avant, ce n'est pas pour rien »)*, les jugements définitifs *(Pauvre impuissant ! », « Tu es une mauvaise mère »)*, les questions ironiques *(« Comment est-ce possible d'être aussi bête ? »)* et les surnoms méchants *(« la grosse »)* se suivent et se ressemblent ! (La liste est longue !).

Nous connaissons l'incidence catastrophique des dépréciations parentales régulières sur l'évolution de l'enfant. Des phrases du style *« Tu es nul ! Qu'est-ce qu'on va faire de toi ? »* peuvent démolir complètement un enfant. L'effet est tout aussi dévastateur chez l'adulte, car ce qui est construit peut être détruit en quelques années. **Le harcèlement psychologique est d'une violence inouïe.**

Denis considère être entré dans une nouvelle phase de sa relation avec son épouse sept ans après le mariage.

« Je vis une violence permanente qu'elle instaure même par le harcèlement téléphonique à mon cabinet dentaire. Au début, elle appelait pour dire : "Je t'ai appelé il y a un quart d'heure et tu n'étais pas là. Pourquoi ?" ou "Ça sonne toujours occupé ! À qui téléphonais-tu ?"

« J'avais beau lui expliquer que les patients prennent leurs rendez-vous par téléphone, quelle que soit ma réponse, sa réaction s'envenimait : " Tu es un malhonnête ! C'est encore une de tes maîtresses qui t'appelle... Une maîtresse qui aime les impuissants ! "

« Lors d'une altercation de ce type, je lui ai dit : " Si c'est pour être méchante et me blesser, je préfère que tu ne me téléphones plus quand je travaille. "

« Elle m'a alors répondu : " Moi, je t'appelle pour avoir de tes nouvelles. Moi, je me fais du souci pour toi. Et j'ai bien raison de m'en faire, car tu es vraiment un hypersusceptible et hyperparano. En plus, tu es d'une telle ingratitude vis-à-vis de moi ! Il faudrait que tu ailles voir un psy, mon cher. "

« Enfin, j'exige qu'elle cesse ses attaques. Celles-ci prennent une autre allure, encore sous forme de harcèlement téléphonique : " Ta fille (leur fille) *est malade. Je n'arrive pas à te joindre. Si tu avais commencé à 9 h précises, j'aurais pu te le dire. " ou " Ta fille* (six ans) *a volé aujourd'hui à l'école ! Dans MA famille, on n'a jamais volé ! " Puis, elle raccroche sans me laisser la possibilité de répondre.*

« À la maison, j'ai droit à des scènes du type : " Ta fille a encore mal travaillé à l'école ! Tu dois la punir davantage. Ce n'est pas le rôle d'un père d'être aussi permissif ! " »

Il y aurait bien d'autres exemples encore...

La communication avec un manipulateur ou un pervers prend des allures de chemins labyrinthiques : impossible de trouver la sortie. Cette communication est tellement tordue que vous vous demandez si vous ne devenez pas fou ou folle (et ne pensez même pas à vous interroger sur l'état psychique de votre interlocuteur). D'ailleurs, le manipulateur, en général, vous devance en vous soupçonnant d'être fou ou fragile. Il vous suggère d'aller consulter un psy pour vous faire soigner. Cette dernière injonction n'est évidemment pas une requête motivée par le souci d'améliorer vos rapports, encore moins une crise d'inquiétude quant à de vrais troubles psychologiques vous concernant. Il s'agit plutôt d'une nouvelle façon de vous dévaloriser. Selon lui ou elle, soit vous êtes nul, soit vous êtes fou ! Les autres alternatives sont des sous-rubriques (fainéant, inculte, agressive, impuissant, incapable, etc.).

UNE COMMUNICATION PERVERSE

Comme nous venons de le constater, le manipulateur n'utilise pas une communication dite « normale ». Il lui arrive même de passer à un registre s'assimilant au délire.

Denis se rappelle qu'un jour son épouse lui demande de prendre un rendez-vous pour elle. Il le prend pour 9 h.

« Neuf heures ? Tu sais très bien que c'est trop tôt ! Tu le fais exprès ou quoi ? »

Il retourne donc téléphoner pour faire changer le rendez-vous à 10 h.

« J'ai obtenu un rendez-vous à 10 h. »

« À 10 h ! Tu es fou ! Je n'arriverai jamais à temps à mon autre rendez-vous de 11 h 30 ! Tu es vraiment bête. On n'est jamais aussi bien servi que par soi-même. »

Elle s'en va téléphoner et revient, triomphante :

« Moi, au moins, je sais m'imposer dans la vie. On m'a donné une place à 9 h. Les gens m'aiment bien. Ils me respectent et me donnent ce dont j'ai envie. »

Denis n'y comprend plus rien. Il lui fait remarquer sa contradiction. Elle ne veut rien entendre…

Depuis Bateson en 1956, le thème du paradoxe et du *double bind* (double contrainte ou double lien) a été étudié par de nombreux auteurs. Il est fait état de ce mode de communication dans les familles de schizophrènes. Malheureusement, cette logique paradoxale, logique perverse par excellence, intervient aussi sous une forme atténuée dans les relations de couple. La fréquence de ce comportement, même s'il ne s'inscrit pas systématiquement dans une logique perverse, ne le rend pas moins malsain.

La double contrainte, je le souligne encore une fois, fait coexister deux propositions contradictoires. Il vous faut répondre et satisfaire parfaitement les deux en même temps. ***Mission impossible!***

Prenons un cas au sein d'un couple où la femme se plaint à son conjoint: «On (moi et les enfants) ne te voit jamais. Tu travailles trop.» En même temps, elle lui fait des remarques au sujet du manque d'argent pour acheter la maison de ses rêves ou s'offrir des plaisirs onéreux. Si cet homme travaille moins pour être avec sa femme, il gagne moins d'argent: il ne peut donc pas acheter une maison ou satisfaire les mille et un désirs de sa femme. Que faire?

Dans les couples dits «normo-névrosés», c'est-à-dire classiques et non pervers, je conseille à la personne qui reçoit ce double message de faire part de son indécision quant à l'option à adopter. Le débat peut ainsi s'ouvrir sur une négociation réaliste. Les deux conjoints finissent donc par en arriver à une résolution de problèmes.

La même mise au point est encore possible avec un manipulateur. Évidemment, vous vous exposez à une polémique, mais, avec de la persévérance, vous pouvez l'obliger à clarifier sa pensée. En revanche, le problème s'avère plus ardu avec un pervers de caractère. Malgré l'évidence, le pervers simule l'incompréhension totale et vous accuse d'incohérence. De quoi devenir fou!

Denis nous en offre un formidable exemple.

«Je prends mon repas dans la cuisine lorsque mon épouse, qui regarde seule la télévision dans le salon, entame une conversation. Du salon à la cuisine, on ne s'entend pas bien. J'ai alors quatre possibilités que j'ai toutes déjà ***testées****:*

1. *Je me respecte et je reste assis dans la cuisine pour finir de manger; je vais la rejoindre ensuite.*
   Dans ce cas, elle dit que je ne la respecte pas puisque je ne lui réponds pas.
2. *Je lui réponds en parlant fort pour qu'elle m'entende.*
   Dans ce cas, elle me crie que je vais réveiller les enfants!

3. Je m'en vais la rejoindre au salon avec mon assiette pour converser.
Dans ce cas, elle m'engueule, car je vais salir le tapis si je renverse quelque chose.
4. Je me lève la bouche pleine, sans finir de manger pour ne pas la faire attendre.
Dans ce cas, je ne me respecte pas.

Je lui ai clairement demandé s'il y avait un cinquième choix, parce que les quatre premiers étaient en train de me rendre fou. Elle m'a rétorqué : "Tu as une drôle de façon de voir les choses ! Tu as une bien piètre opinion de toi !"

La logique perverse est imparable, car elle n'est pas de notre monde. Sachez simplement qu'il existe des liens à la fois évidents et ambigus avec la psychose. C'est ce dont les auteurs débattent.

Maurice Hurni et Giovanna Stoll[13] relèvent de leur pratique clinique d'analystes sexologues les mécanismes présents au sein du couple pervers : « *Nous pouvons avancer que le pervers, qui est passé maître dans le maniement de la réalité, est aussi un spécialiste de la destruction de la dimension subjective chez l'autre.* »

Didier Anzieu, psychanalyste ayant également étudié les communications paradoxales et perverses, écrit[14] : « *Placer quelqu'un dans une situation paradoxale et lui reprocher ensuite le caractère contradictoire de son discours ou de ses affects, alors que ceux-ci découlent de la situation constitue une démarche inconsciente [...].* »

13. HURNI, M. et STOLL, G., *La Haine de l'Amour – La perversion du lien,* Paris, Éd. L'Harmattan, 1996.
14. ANZIEU, Didier, *Le groupe et l'inconscient,* Paris, Éd. Dunod, 1975.

QUE FAIRE ?

- Lorsque le manipulateur détourne le sujet, revenez-y immédiatement.
- Contre-manipulez[15] ses attaques et critiques personnelles en cessant de vous justifier, de vous défendre, de lui faire entendre raison. Comment ? En montrant verbalement une indifférence du type « C'est ton point de vue », « Tu crois ce que tu veux à mon sujet », « J'ai déjà entendu cela des centaines de fois », « Voilà une belle interprétation », « Quel mari es-tu pour aimer ta femme comme ça ? », etc. Vos phrases doivent être courtes, si possible non agressives. Le plus important est de lui montrer que ses calomnies ne vous touchent plus (même si cela continue d'être faux pendant encore un certain temps).
- Décelez les doubles contraintes et demandez-lui s'il y a une option qu'il ou elle préfère à l'autre. Ensuite, faites ce qui vous convient.
- Décelez la communication typiquement perverse ou l'intentionnalité de destruction psychique et physique. En voici quelques exemples : « Tu m'appartiens », « Je fais de toi ce qui me plaît », « Tu n'es qu'une serpillière et je te pisse dessus ». Si vous entendez des phrases comme ça, *sauvez-vous sans laisser d'adresse.* On ne gagne pas contre un pervers, encore moins quand il entre dans l'intimité de la chambre à coucher.

15. Les techniques concrètes de contre-manipulation sont développées dans *Les manipulateurs sont parmi nous.*

CHAPITRE 9

Partir, oui mais…

Malgré la longévité de l'union de certains couples formés avec un manipulateur (ou avec un pervers), ce couple-là est un **désastre.**

« Ils ont tout pour être heureux », pensent les étrangers. Papa, maman, les enfants, la maison, la voiture et le chien… Un semblant de couple parfait. Un semblant de famille unie qui ne laisse rien paraître devant les gens qui se laissent berner par l'aspect matérialiste et extérieur des choses. Ils ne sont pas les seuls, ces étrangers, à tant tenir à ces images, à ces illusions et à ces idéaux. Malgré une réalité devenue progressivement insoutenable, les conjoints victimes de l'enfer quotidien des dévalorisations, du non-respect et de la communication impossible s'accrochent.

Maintes fois, ces conjoints tentent de réparer, de comprendre et de se faire comprendre. En vain. Maintes fois, ils pensent partir, se séparer… Sortir de cette relation devenue sordide. Qu'est-ce qui les en empêche ? Les lois de nos pays ne sont en rien des obstacles. Les freins sont ailleurs…

VOUS N'EN POUVEZ PLUS, MAIS VOUS VOUS DITES QUE...

Cent pour cent des conjoints victimes de manipulateurs ont songé à quitter celui ou celle qu'ils ne reconnaissaient plus comme *l'être aimant du début*. Tous s'y sont repris à plusieurs reprises avant la décision définitive. Vraisemblablement, les raisons de rester là leur semblent primordiales. La majorité opte finalement pour la séparation ou le divorce.

Y a-t-il un événement qui déclenche la séparation ? Oui, le plus souvent, il s'agit de :

- un accès de violence physique impressionnante (pas nécessairement sur la personne) ;
- la découverte de l'infidélité du conjoint manipulateur ;
- une dispute supplémentaire révélant une certaine folie ;
- un manque de soutien jugé cette fois-ci inadmissible.

Il existe **deux obstacles majeurs à l'action : les émotions et les croyances (cognitions).**

Les émotions et les cognitions interagissent constamment, que vous en soyez conscient ou pas.

Supposons par exemple que vous vous disiez : *« J'ai peur de ne pas pouvoir élever seul (e) les enfants. »* L'émotion de peur est sous-tendue par la cognition *« Je serai incapable d'élever seul (e) les enfants »*.

Raymonde **se disait** de son mari alcoolique et manipulateur : *« Je l'ai choisi, je n'ai qu'à le subir ! »* Elle *l'a subi* pendant 43 ans à cause de ce principe !

Autrement dit, aux fréquentes pensées *« Ça ne peut plus continuer comme cela »* se superposent d'autres cognitions contraires du type *« Il faut continuer, car... »*

Sylvie dit avoir eu envie de quitter P. à plusieurs reprises. Ce qui l'en a empêchée ?

*« La première fois, je **voulais croire** en nos projets et **me dire** que nous fonderions une famille ensemble. La deuxième, je **ne me voyais pas** retourner chez mes parents. Pendant ma grossesse, j'envisageais de le quitter après l'accouchement. Mais mon fils est né prématurément et **j'ai pensé** qu'il serait difficile de m'occuper seule d'un petit garçon qui aurait peut-être des problèmes de santé. »*

Sylvie omet d'ajouter que P. a menacé de se suicider après avoir tout cassé dans la cuisine... Et qu'elle a de nouveau ajourné sa décision. La culpabilité est revenue en force au service de ce jeune couple qui perdure dans un non-sens.

La culpabilité est un sentiment puissant et handicapant. Son substrat n'est pas nécessairement rationnel. La simple conviction d'avoir commis une faute, qu'elle soit réelle ou imaginaire, parasite votre discernement et vous empêche d'évaluer la situation de manière juste. Celui ou celle qui menace de se suicider s'adresse à vous dans l'unique intention de faire surgir **votre** culpabilité. Celui qui vous fait souffrir inverse la dynamique et veut vous rendre coupable de lui causer une douleur encore plus grande à cause de votre décision. Il anticipe une peine si insurmontable qu'il préfère ne pas la subir et se donner tout de suite la mort. Ne le trouvez-vous pas particulièrement rapide pour anticiper un tel désarroi ? Remarquez-vous qu'à cet instant, il n'est plus fait état de **votre** souffrance ?

Pour votre information, sachez qu'aucun manipulateur qui a menacé de se suicider ne s'est donné la mort. En revanche, **ce qui lui semble insupportable, c'est de laisser échapper sa proie.**

Monique a connu (et connaît encore) les effets de la culpabilité. Alors qu'elle se pose de plus en plus de questions sur sa vie maritale (époque qu'elle qualifie d'« horrible »), le piège se referme lorsque celui qu'elle n'aime déjà plus tombe gravement malade. Elle met en veilleuse ses profonds problèmes de couple et reste auprès de lui. Les sept longues années de maladie furent éprouvantes pour tous. Monique s'attendait à ce que cette expérience déclenche d'authentiques transformations chez son époux. Or, plus ce dernier se rétablissait physiquement, plus Monique subissait ses injures et son harcèlement.

La peur de provoquer la souffrance du partenaire en rompant est fréquente (« Si je le (la) quitte, il (elle) ne le supportera pas »). Ne se sent-on pas ainsi indispensable au bonheur de l'autre ? Est-ce le sentiment de culpabilité (faire de la peine à l'autre) qui est en jeu, ou bien n'est-ce qu'un prétexte pour nourrir son ego ?

Dominique dit avoir eu plusieurs fois envie de quitter Y.

« Je suis partie trois mois après être sortie avec lui. Il ne supportait pas que j'aie de bons contacts avec les autres. Il fallait toujours être à sa merci. Il faisait le vide autour de moi. Je sentais le danger sans le voir. J'y ai souvent repensé et je m'en veux : j'aurai dû casser net dès cette première fois. Je suis partie plusieurs fois en le prévenant. Chaque fois que je le quittais, il revenait me "récupérer". Il était tentaculaire. Il jouait le malheureux, devenait tout à coup très gentil et très tendre à mon égard. Les fois où j'ai essayé de ne pas céder, il s'est arrangé pour me culpabiliser. Au moment où je me remettais avec lui, je le regrettais déjà. Je ne me sentais pas bien. J'avais l'impression d'être forcée. J'étais comme entortillée dans une toile d'araignée, enlisée. Les ***modèles familiaux*** *que j'avais d'une relation de couple ne m'ont jamais donné une idée saine du tandem homme-femme. Mon père lui-même était manipulateur paranoïaque. De plus, j'ai longtemps vécu avec* ***des idées de ma grand-mère transmises à ma mère*** *: "Quand on vit à deux, la vie est difficile : il faut faire des concessions et des sacrifices", "Avec le temps, ça ira mieux…" Pendant ce temps, je devenais une loque ! »*

Ces témoins, avant de prendre la décision définitive de se séparer, sont tous passés par l'étape des croyances paralysantes. Pour beaucoup, ces principes et idées préconçues qu'ils croyaient valables et même prioritaires sont responsables d'une souffrance et d'une perte de temps finalement inutiles. Tous le constatent *a posteriori*.

Autre frein à la séparation : les enfants.

Le schéma cognitif selon lequel on affirme *« Un enfant ne s'élève pas seul (e) »* ou *« Élever un enfant seul (e) est insurmontable »* **est une idée très répandue.**

Pendant longtemps, Pauline a été incapable de prendre des distances autrement que lors de congrès professionnels. Elle n'envisageait pas d'autre échappatoire, car elle était **convaincue** que *« élever trois enfants seule est très difficile »*, ce qui signifiait surtout « impossible ». (Actuellement, elle réclame ses trois enfants dont la garde a été obtenue par le père !)

« Pour le moment, dit Denis, *je ne suis pas pressé de quitter mon épouse, maintenant que je sais l'affronter et la contre-manipuler. Ce n'est certes pas épanouissant. Mais j'ai développé une vie artistique qui me permet peut-être de sublimer la carence affective. Par ailleurs, je soupçonne cette manipulatrice (28 caractéristiques), par ses comportements et ceux de ses parents, d'être dans un état proche de la psychose. J'estime que les enfants de sept et huit ans doivent être protégés de ce type de personnes et la meilleure façon de le faire est de rester avec eux. Je ne la quitte pas également, car j'ai peur de subir un harcèlement terrible et permanent si je le faisais. Enfin, l'énorme problème est qu'on ne peut rien espérer par le biais de la justice. Les gens de l'extérieur ne s'imaginent pas ces choses. Pendant longtemps, mes propres parents me soupçonnaient d'avoir une maîtresse et de vouloir faire passer ma femme pour folle. Ils ont mis du temps à admettre que je n'avais aucune maîtresse et que je décrivais la vérité. »*

Les *schémas cognitifs* sont des principes profondément installés et érigés inconsciemment comme des vérités factuelles auxquelles on ne peut déroger. Dans les cas mentionnés ci-dessus (et dans la majorité des cas de victimes de manipulateurs), les schémas cognitifs sont extraits de leur contexte. Ce dernier est totalement mis de côté alors qu'il est le reflet de la réalité. Le principe qui affirme que : « un enfant ne s'élève jamais bien sans ses deux parents » ne rend pas compte de la réalité de l'enfant. Alors même que cette réalité peut être pénible, voire *non structurante* pour ces êtres en devenir, le parent, victime lui-même, pense le protéger par un simulacre d'unité familiale. Un manipulateur répond à un pattern psychologique et comportemental pathologique. Son influence agit sur tous ceux qui l'entourent et pas seulement sur son conjoint. Questionnez les gens dont la mère ou le père est manipulateur, voire pervers ! Comment prétendre protéger les enfants d'un parent au fonctionnement mental pervers narcissique, en les laissant quotidiennement en contact avec le maniement inversé du réel, la dévalorisation, la communication aliénante ? Comment peut-on protéger des enfants de l'expérience d'un couple homme-femme où le respect et l'amour n'existent pas ? Quel modèle voulons-nous donc leur donner de la vie à deux ? Quel modèle de l'épanouissement de la vie adulte leur proposons-nous ?

Vivre avec ses deux parents... **équilibrés** est structurant. Mais quand la mère ou le père est manipulateur, alors... Je crois qu'un enfant se structure plus sainement avec un seul parent sain d'esprit plutôt qu'avec deux parents dont l'un est déséquilibré (pathologique) et l'autre déstabilisé par le premier.

Nous voulons absolument obéir au schéma idéal de la famille unie mais dans ce cas, que faisons-nous des sentiments des enfants ?

Lorsque Monique a divorcé, ses enfants de 15 et 18 ans lui ont reproché de ne pas l'avoir fait plus tôt ! Cette décision les a en effet soulagés, à la surprise de leur mère. Ils avaient des problèmes dont ils ne parlaient pas. Contre toute attente également, les amis de Monique (amis communs au couple) lui ont demandé comment elle avait fait pour tenir aussi longtemps avec lui (20 ans).

Bien entendu, il est probable que si vous demandez à un enfant de huit ans avec lequel des deux parents il préfère vivre, sa réponse soit : « Les deux ! » Imaginez la pression psychologique qu'il subit : dans son esprit, en choisir un revient à rejeter l'autre. Le risque fantasmé d'être rejeté à son tour par le parent non choisi est trop éprouvant à cet âge. De plus, que sait-il encore de ce qui est indispensable à son développement ? Déjà, vous lui faites la guerre pour qu'il se lave les dents, qu'il se couche tôt, qu'il mange « équilibré », etc. !

Pour vous extraire de ce maelström de principes contradictoires, il vous faut revenir à des considérations basées sur le réel et non sur l'illusion. Le cas demeure trop grave pour vous obstiner à nourrir vos rêves dans une réalité qui s'y oppose.

Nos cognitions sont les clefs des chaînes qui nous relient à celui ou celle qui ne nous aime que dans la négation de notre identité et dans le vampirisme de notre essence. Comme nous l'avons constaté plus haut, ces clefs ferment toutes les portes de la liberté. Elles peuvent aussi servir à ouvrir... Il suffit de tourner dans l'autre sens !

Ceux qui ne sont restés que quelques semaines ou quelques mois en relation avec de telles personnalités ne détenaient aucune clef pour s'enfermer. Tout au moins, leurs cognitions n'étaient ni assez puissantes ni assez formatées pour s'adapter aux cadenas suggérés par le manipulateur.

Avez-vous remarqué qu'aucun des témoins ne répond : « Ce qui m'a empêché de partir ? Mais c'est l'amour, bien sûr ! »

Rappelons que les critiques, l'humiliation, l'ironie, la moquerie, l'élimination progressive d'un entourage affectueux, les inversions du réel... bref le harcèlement psychologique influe de façon prépondérante sur l'estime de soi. Ainsi, un bon nombre de conjoints (et surtout les femmes qui ne travaillent pas) se croient incapables de mener seuls une vie adulte. Il est très fréquent que le manipulateur soit celui qui « vous grave cette idée dans la tête » à force de répéter : « Tu es incapable de vivre sans moi » ou « Qu'est-ce que tu ferais si je n'étais pas là, hein ? » ou encore « Qui voudrait bien de toi ? »

La décision de quitter le conjoint manipulateur peut donc être renvoyée aux calendes grecques à cause de la conviction intime et sûrement irraisonnée que vous ne pourriez pas vivre sans lui (elle). Pourtant, Raymonde est handicapée à 80 % et vient de se séparer d'un homme rencontré il y a 43 ans. Elle dit : *« Je revis ! »*

Le sentiment global de ces conjoints de manipulateurs est d'être prisonniers d'un filet dont ils ne peuvent se sortir. Nombreux sont ceux qui se sont surpris à espérer secrètement la mort de l'autre comme seule issue. Plutôt une mort par accident que par le meurtre. Au contraire, d'autres ont intériorisé ce désir de destruction pour laisser place à des pensées suicidaires.

LA THÉRAPIE DE COUPLE : FUITE OU BLUFF ?

« Laissons encore une chance à notre couple de se raccommoder et allons demander de l'aide. » La proposition est judicieuse si ce n'est qu'une thérapie de couple n'est fructueuse que lorsque les deux partenaires ont le désir commun de construire du bonheur ensemble. Un désir profond et authentique... Dans 90 % des cas, le manipulateur n'est pas l'instigateur de cette proposition. En revanche, il (elle) vous a maintes fois vivement recommandé de consulter vous-même un « psy » !

Suggérer une thérapie commune suppose qu'on caresse l'espoir d'un changement possible et durable. Vous êtes prêt à vous remettre en question, à faire des efforts, et vous lui suggérez qu'il est urgent qu'il (elle) en fasse autant, avec l'aide d'un thérapeute compétent. Or, le plus souvent, le manipulateur refuse la thérapie que vous lui proposez. Il vous le dit clairement, ou bien il procède par évitements et invoque des raisons logiques pour expliquer ses désistements de dernière minute.

Raymonde raconte la réaction de son mari quand elle lui a proposé une thérapie de couple *« croyant,* dit-elle, *qu'il était encore possible qu'il change de comportement. Mes filles m'ont félicitée de cette initiative. Lui, leur disait : "C'est maman qui demande ça. Moi, je n'en ai pas besoin. Moi, je sais dialoguer. Maman refuse de dialoguer. Elle a quelque chose contre moi alors que je nettoie toute la maison, que je lui place ses bigoudis et que je suis tout le temps avec elle... Qu'est-ce qu'elle veut de plus ?" »*

Il arrive que le manipulateur accepte les rendez-vous thérapeutiques et s'y rende avec vous. Dans ce cas, il (elle) porte un masque et se fabrique un discours de façon à séduire le thérapeute. Ce dernier devient le témoin involontaire d'un des scénarios habituels de la vie de ce couple, où l'un des deux nie catégoriquement les faits et les intentions que lui prête l'autre. Le retournement du réel, la victimisation du bourreau et le mensonge ne sont pas faciles à démasquer pour un thérapeute non averti. La fameuse neutralité empathique liée au cadre thérapeutique devient une occasion supplémentaire pour le conjoint manipulé d'accroître son sentiment de solitude. Si le thérapeute n'ose pas clairement pointer les processus pervers et destructeurs de cette relation « amoureuse », le conjoint du manipulateur se sent totalement incompris. La victime continuera donc la thérapie avec l'espoir que « quelque chose va changer », mais cessera de se battre pour témoigner de détails concrets. Résultat : le thérapeute ne reçoit plus l'information dont il aurait besoin. D'un autre côté, si le thérapeute est capable de relever clairement la manipulation au travers des masques et des simulations du manipulateur, le rejet viendra du manipulateur qui déteste être soupçonné si ouvertement de compromissions. Pointer du doigt en « public » (son conjoint est présent) un fonctionnement néfaste chez un manipulateur n'a pas l'effet de catalyseur qu'aurait une véritable introspection, comme chez le « normo-névrosé » que nous sommes à peu près tous. Au contraire, le manipulateur ou la manipulatrice utilise des mécanismes courants :

- la critique du thérapeute après la séance et entre les quelques séances qu'il suivra ;
- l'attaque du conjoint à travers ce qu'il a « osé » dire ;
- l'idée très fréquente dans ce contexte que le thérapeute est de toute façon dans le camp de son conjoint et donc contre lui (elle) ! Surtout si le thérapeute est du même sexe que le conjoint.

C'est ainsi qu'il décide l'arrêt de cette fameuse thérapie qui, de toute façon, il s'en doutait, ne sert à rien !

Je suis bien d'accord avec cela !…

LE MARCHANDAGE : UNE SOUDAINE ADORATION

Lors de l'écoute de nombreux témoignages, j'ai été étonnée de constater l'existence d'un phénomène quasi permanent. Ceux et celles qui annonçaient aux manipulateurs leur décision de se séparer se retrouvaient soudain l'objet d'une véritable adoration !

Le manipulateur ne s'imagine pas que vous puissiez le quitter, pas plus que les autres fois. Il (elle) affirme que votre présence lui est indispensable. Au cours de cette période, il (elle) vous dira des choses que vous avez rarement entendues comme :

- je ne peux pas me passer de toi ;
- je t'aime, tu le sais bien ;
- je ne peux pas vivre sans toi.

La manière la plus simple de vous faire hésiter consiste à vous adresser des mots d'amour tout en les saupoudrant de tentatives de culpabilisation.

Diane refuse enfin de soumettre son corps aux expériences sexuelles infamantes de son mari.

Elle : Je ne veux plus que tu me touches !

Lui : Puisque c'est ainsi, tu n'as qu'à partir avec tes deux filles ! Je te donnerai une pension ! (Les filles sont aussi les siennes.)

Elle : Pourquoi pas ?

« Cette nuit-là, dit Diane, *j'ai très bien dormi. J'avais enfin pris ma décision. Et j'ai tenu bon. C'est alors que j'ai réalisé qu'il ne s'agissait pour lui que d'une parole en l'air. Il s'est mis à me dire : "Je t'aime", "Je ne peux rien sans toi" et "Comment peux-tu me faire ça après tout ce que j'ai pu faire pour toi et ton fils ?" »* (Au moment de leur rencontre, Diane était déjà mère d'un garçon.)

Relevons ici quelques éléments courants de cette phrase.

- L'expression troublante d'un sentiment d'amour clair par «Je t'aime».

- La victimisation : l'adulte qu'il (elle) est vous rappelle qu'il (elle) est sans défense comme le serait un nourrisson. **C'est ici qu'intervient fréquemment le chantage au suicide.**

- La culpabilisation (par exemple : « Après tout ce que j'ai fait pour toi ! » ou « Comment peux-tu **me** faire cela ? »).

« Trois mois avant la séparation de corps, poursuit Diane, *j'ai subi un enfer de persécutions. Il me parlait pendant des heures pour me faire dire que j'avais un amant ; pour me dire que je ne pouvais pas lui faire cela, qu'il avait changé ; que j'allais nous ruiner et qu'il n'avait pas mérité cela... »*

Le manipulateur peut aussi se convaincre que vous cachez un playboy ou une pin-up dans le placard. Il préfère croire que vous le quittez pour quelqu'un d'autre et non à cause de lui. Étant convaincu qu'il ne « mérite pas cela », il ne veut pas admettre qu'il est responsable de ce désastre.

Pour reconquérir Brice, C. utilise la culpabilisation directe : *« On ne peut pas faire ça aux enfants. »* Tous les arguments avancés avaient ainsi trait au « bien des enfants ».

Alors que P. convolait avec sa maîtresse, Sylvie traversa une nouvelle phase de marchandage : *« Après que j'ai découvert la lettre qu'il avait écrite à sa maîtresse, nous avons passé des nuits entières à parler pour conclure qu'il fallait nous séparer. Mais deux jours avant que je ne parte diriger un* **camp** *de vacances, il s'est mis à me supplier : "Donnons-nous une autre chance. Je ne veux pas te quitter. Nous vendrons la maison et nous prendrons un appartement. Ce sera un nouveau départ." Heureuse de le voir prendre conscience de son amour pour moi et de le voir enfin décidé à prendre ses responsabilités, j'ai accepté. Soulagée, je suis partie diriger mon camp d'enfants à la montagne. Là-bas, j'ai été surprise et heureuse à la fois de recevoir d'un notaire une demande de procuration pour vendre la maison. Un nouveau départ s'annonçait. J'ai signé, agréablement étonnée de la rapidité avec laquelle il avait mené l'affaire. En rentrant, j'ai retrouvé la maison presque entièrement vide : il se prenait seul un appartement en ville ! »*

Il est légitime de s'interroger sur la motivation de P. à piéger sa compagne alors qu'il avait lui-même planifié la séparation. S'agirait-il d'un mode pervers de déstabilisation mentale ?

Le marchandage représente une période où le manipulateur **vous** demande de réfléchir. Entre autres arguments déjà notés se greffent des considérations financières (par exemple : « Tu vas nous ruiner ») ou, plus rarement, la promesse d'un changement.

La phase de marchandage ne dure que quelques mois, tant que n'intervient pas concrètement l'application de votre décision.

Au-delà de toute cohérence, celui ou celle qui vous dépréciait tant pendant des années retrouve magiquement un élan d'amour infini pour votre personne. Il ou elle vous trouve nul, mais veut vous garder !

Ces heureuses déclarations ne font pas long feu...

QUE FAIRE ?

- Notez sincèrement tout ce qui peut entraver votre décision de quitter le conjoint manipulateur. Notez tout ce que vous vous dites.
- Relisez une par une vos notes et confrontez chacune d'elles avec des questions du type :

Est-ce vraiment impossible ?
D'autres l'ont-ils fait ?
Qui me dit que cela se passera ainsi ?
Si c'est difficile, est-ce pour autant impossible ?
La solution est-elle vraiment plus difficile à expérimenter que ce que j'ai vécu jusque-là ?
Combien d'années ai-je déjà tenté de vivre au mieux avec lui ou elle ?
Est-ce suffisant ?
Quel âge ont les enfants ?
Que voient-ils, qu'entendent-ils, que constatent-ils tous les jours ? etc.

Surtout, répondez objectivement à chaque question.

- Considérez votre situation avec un ami bienveillant et heureux en ménage. Il ne faut pas espérer un point de vue utile d'une personne malheureuse, qu'elle soit mariée, célibataire ou divorcée.
- Parlez de votre situation (aux proches, à un médecin, un psychiatre, un psychothérapeute).
- La thérapie de couple est inutile avec un manipulateur et un pervers. Mais si vous y tenez, assurez-vous que le thérapeute soit spécialisé en thérapie de couple et demandez à le consulter **avant** l'entrevue à trois.

Chapitre 10

La séparation : quel courage !

Dans le cas qui nous intéresse, partir n'est pas fuir. Aller jusqu'au bout des démarches pour se séparer de celui ou de celle qui nous fait tant souffrir est *paradoxalement* difficile.

Après avoir traversé ce que, spontanément, les conjoints témoins appellent « les différentes phases », deux dernières phases restent à franchir :

1. la séparation (le divorce) ;
2. la phase de *récupération*.

La séparation ou le divorce avec un manipulateur engendre un très grand stress. Cela ne ressemble en rien à une simple démarche administrative.

La loi représente un défi pour le pervers narcissique : il prend plaisir à la narguer et à la transgresser. Il méprise la loi tout en imposant ses propres règles à son partenaire. Ainsi, le divorce, qui est un droit légal (dans nos régions du moins) est considéré par le manipulateur comme quelque chose d'inconcevable, une « non-option ». Comment la loi se permet-elle de lui soustraire sa proie ?

Commence alors le nouveau parcours du combattant. Le conjoint est confronté à de nouvelles dépréciations, à des mensonges ahurissants, à une chasse aux preuves, à une recherche d'avocats compréhensifs, de soutiens sociaux, familiaux, juridiques et psychologiques.

Malgré cette incessante bataille, aucune des victimes qui ont réussi à s'échapper de cette « histoire amoureuse » ne regrette d'avoir osé quitter son conjoint manipulateur. Au lieu de dire *« J'ai bien fait de partir »*, elles disent *« J'aurais dû partir plus tôt ! Je m'en veux »*.

Les victimes se sentent aussi coupables de ce qu'elles appellent *l'erreur de leur vie* : être entrées dans cette relation, certes, mais surtout, y être restées trop longtemps (qu'il s'agisse d'une période de 6 mois, 2 ans, ou 40 ans) !

Julien dit : *« Il faut que je me pardonne. C'est une histoire qui n'aurait pas dû se produire. »* (Vingt mois de relation.)

Or, qui savait, jusqu'à une période très récente, diagnostiquer un manipulateur ou un pervers de caractère ? Qui, de plus, ne s'est pas rendu aveugle par amour (ou par ce qu'on croit être de l'amour) ou par le fait de s'acharner à réaliser ses idéaux ?

Comment peut-on maintenir pendant 10, 20, 30 ans (parfois plus) un tel aveuglement face aux agissements d'un vampire psychoaffectif ? L'art du manipulateur consiste à créer très rapidement une confusion mentale et un doute de soi. Ainsi, la culpabilité, la honte et l'isolement ne permettent plus au partenaire de comparer la nature de sa relation amoureuse avec celle de ses amis. Les repères s'effondrent. L'estime et la confiance en soi sont anéanties dès la première année. Mais, initialement, toutes les victimes manquent singulièrement *d'amour de soi*. Et **l'absence de cette base fondamentale est la pire faille,** par où, bien sûr, le manipulateur s'infiltrera dans votre vie. Les victimes s'attendent inconsciemment à ce que le partenaire comble cette faille, ce vide. Malheureusement, ce **vide** est **une poche percée...**

APRÈS LA PLUIE... LA PLUIE !

Lorsque les « je t'aime », « tu es la femme de ma vie », « je vais me suicider », « je ne peux pas vivre sans toi », etc. n'ont pas eu l'effet escompté sur votre décision de rupture, **ces démonstrations d'adoration s'envolent instantanément.**

La haine du prédateur revient au galop. Lorsqu'il comprend que sa proie lui échappe définitivement, la rage l'envahit. Les menaces et les insultes réapparaissent, mais cette fois-ci décuplées.

« Quand il a compris que ma décision était prise, raconte Diane, *je suis devenu une "salope" et une "putain". Sa phrase menaçante était : "De toute façon, je t'aurai !" Il a aussi essayé de monter les enfants contre moi. En vain. »*

France se souvient : *« La séparation a été horrible ! Elle a duré trois ans. Il voulait absolument me prouver, ainsi qu'à tous mes amis et ma famille, que je le quittais parce que j'étais folle. Par contre, même folle, il voulait absolument rester avec moi pour me soigner (il est psychiatre) et m'éviter le pire ! Il essayait de monter mes parents, mes enfants et même mon premier mari contre moi. Ma vie ressemblait à un film de Hitchcock. »*

Monique découvrit les caractéristiques de la personnalité manipulatrice lors d'un séminaire dont le thème était l'affirmation de soi.

*« J'ai subitement tout compris, ça m'a fait l'effet d'un spot en pleine figure ! En réalisant que mon mari était concerné, je suis restée paralysée sur ma chaise. Je venais déjà de repérer 20 caractéristiques. J'étais soulagée de comprendre enfin tout ce qui se passait et horrifiée par cette découverte. Je l'avais surnommé **Ceausescu et Pinochet** à lui tout seul.*

Il n'appréciait pas du tout. La manipulation ne laisse pas de traces, mais elle fait beaucoup de dégâts et déstabilise complètement. J'ai mis quatre mois avant de consulter un thérapeute qui ne voyait pas d'autre solution que le divorce. J'ai mis du temps avant d'avoir le courage de prendre cette décision. Mon mari s'est opposé instantanément à l'idée d'un divorce. D'abord, il ne me croyait pas. Puis il est devenu très agressif. Il me disait : "Je t'interdis de divorcer !" Nos trois enfants déjà adolescents ont trouvé une solution pour passer une première étape de séparation de corps. Eux ne bougeraient pas de la maison, mais chacun des parents irait vivre, en alternant, dans un appartement meublé, à proximité. Ainsi se déroula l'année de réflexion. Mais rien n'avait changé... Au contraire. J'ai donc pris la décision de divorcer. Sa première réaction m'a vraiment choquée : "Te rends-tu compte de ce que tu fais à mon image de marque ?" D'autres réactions et comportements ahurissants allaient suivre : son interdiction absolue de divorcer, ses chantages (menaces de suicide), sa menace de me violer (qu'il n'a heureusement pas mise à exécution), ses sarcasmes, son humour noir, ses moqueries... Il m'est encore douloureux de les évoquer à l'heure actuelle. Grâce à l'avocat, la procédure n'a duré qu'un an. »

« *J'ai vécu les trois derniers mois avec lui dans la terreur,* raconte Raymonde. *Il menaçait de se servir de ma maladie contre moi et de faire signer un papier à un neurologue quelconque confirmant que j'étais folle. Il a tenté de retourner mes filles contre moi alors que j'ai de bons rapports avec elles. Il menaçait de m'enlever la maison familiale, de tout vendre, de me mettre sur la paille... (j'ai tout gardé !)* »

Ces témoignages démontrent bien qu'à ce stade, le seul objectif du manipulateur est de **créer la terreur et donc l'immobilisme.** En effet, aucun de ceux et celles qui menaçaient de se suicider ne l'ont fait. *Personne* ne peut vous interdire de vous séparer ou de divorcer. Personne n'est au-dessus de la loi. Si vous y tenez, vous garderez vos biens. La loi et l'avocat y veilleront. Aucun médecin ou psychiatre **digne de ce nom** ne peut attester que vous êtes fou (folle). La justice régit la garde des enfants et ce n'est pas parce qu'il (elle) la réclame qu'il (elle) l'aura.

DES MENSONGES ÉDIFIANTS

À ce stade, le manipulateur est capable de tout pour ne pas ternir son image aux yeux de l'entourage.

La meilleure défense qu'il connaisse : l'attaque. Une de ses armes préférées : le mensonge. La dimension du mensonge : plus il est gros, plus les gens y croient. Vitesse d'armement : excessivement rapide. Sa cible : vous, encore vous. Son objectif : vous *achever* avant que vous ne puissiez l'atteindre.

Le manipulateur est capable de travestir outrageusement la réalité et de falsifier des documents qui pourraient lui porter préjudice. Et cela, devant la justice.

Alors qu'elle fait appel à la justice pour réguler la prise en charge de leur enfant, Sylvie n'en croit pas ses oreilles : *« Que d'accumulations ! Mensonges, inversions des faits, falsifications de documents... À l'audience, je me suis retrouvée être accusée de tout ce que,* ***lui****, faisait ! Par exemple, il m'accusait de travailler au noir pour arrondir les fins de mois, alors que lui seul commercialisait des produits de régime par vente pyramidale ! De plus, il n'a présenté les feuilles de paye mensuelles qu'une heure avant l'audience en fournissant une photocopie tronquée. Ainsi, le juge, trompé par de faux documents, ignorant le montant réel de ses revenus, ne pouvait exiger le versement d'une pension alimentaire adéquate pour notre enfant. »*

Le manipulateur ment aussi sur des sujets plutôt insignifiants en apparence. C'est une façon pour lui de laisser penser à l'entourage (non averti) qu'il est particulièrement généreux vis-à-vis de son partenaire, ou bien que ce dernier est déséquilibré.

L'ex-compagnon de Dominique s'est soudain mis à lui faire croire, ainsi qu'à tous ceux qui voulaient bien l'entendre, qu'il était l'instigateur de leur séparation.

« Je n'avais pas les moyens de payer un camion de déménageurs. Il m'avait mis à sec financièrement. Je n'avais pas non plus envie que mes amis me voient dans l'état dans lequel j'étais. J'ai donc empaqueté et porté seule les cartons. Bien sûr, il m'observait sans jamais m'aider. Je faisais des heures supplémentaires au bureau et il a osé dire à ses amis qu'il payait mon déménagement ! Il racontait aussi qu'il payait mes bijoux. C'est faux. Jamais il ne m'a offert de bijoux ! »

Pauline demande le divorce un mois après que son mari l'a battue alors qu'elle tenait le bébé dans ses bras. Cette décision fut renforcée par l'avis d'un médecin qui l'alerta sur sa santé et par son psychothérapeute qui l'aida à se rendre compte que le seul moyen de sauver sa peau était de partir. Or, pendant la phase de marchandage où elle entendait son époux manipulateur pleurer, implorer et s'excuser, ce dernier se faisait fournir des attestations, préparant un procès ! Son art manipulateur a amené des membres de l'entourage à écrire de faux témoignages. Le but du mari de Pauline est de la faire passer pour folle et donc pour une mauvaise mère.

« Il s'était composé un tas d'attestations mensongères. L'une d'entre elles stipulait que six semaines après la naissance du bébé, j'étais partie seule une semaine en vacances. Impossible, puisque j'ai allaité mon bébé jusqu'à l'âge de huit mois ! D'autres affirmaient que j'achetais des chaussures quatre pointures trop grandes pour mes enfants, ou encore que je ne leur achetais jamais de pull en laine parce que c'était trop cher... J'en étais abasourdie ! »

Les attestations que Pauline a rassemblées à la hâte n'ont pas fait le poids. Elle n'était pas préparée à une telle guerre. Son mari est fonctionnaire, mais donne par ailleurs des cours de musique.

Il a osé apporter une copie d'une prétendue lettre de démission du conservatoire. Il a menti au juge. Il argumente que, puisqu'il s'est occupé des enfants avant, il peut donc s'en charger maintenant, d'autant plus qu'il aura plus de temps à leur consacrer étant donné qu'il a laissé tomber l'enseignement de la musique (ce qui est faux !). Les arguments et les mensonges font mouche : la justice donne la garde des trois enfants au père. Ils ont 7 ans, 5 ans et… 18 mois.

Cet homme dépense beaucoup d'énergie afin que tout le monde se retourne contre Pauline.

« *Il a obtenu,* poursuit Pauline, *des attestations de gens qu'il voyait très rarement, et des attestations provenant de nombreux habitants du village aussi. Il est allé voir mes parents quatre fois et leur téléphonait en exigeant qu'ils témoignent contre leur propre fille. Ce qu'ils ont refusé, bien sûr. Il leur disait des choses telles que : "Elle vous a bien enroulés autour de son petit doigt !" Il me faisait passer pour la manipulatrice ! Il a osé téléphoner à des amies qui ont refusé de témoigner contre moi et il les traite maintenant de "putains" !*

« *Aussi, je réalise après coup un fait bizarre : la plainte pour "agression" que j'ai déposée à la gendarmerie a été classée sans qu'on me la fasse signer. Et il n'y a pas eu d'enquête. Mon mari fait partie d'un groupe de musique militaire et il est fonctionnaire. Je ne sais pas si cela peut avoir un lien quelconque, mais je me rends compte seulement aujourd'hui de tous ces points que mon mari a en commun avec la gendarmerie. Peut-être a-t-il des amis là-bas…* »

Les patients de Pauline lui rapportent actuellement que son mari fait courir le bruit qu'elle a *abandonné* ses enfants.

Les mensonges du manipulateur s'adressent autant aux amis, à la famille qu'aux étrangers. Les conséquences sont dévastatrices lorsque ces mensonges sont utilisés à des fins juridiques. En effet, un manipulateur n'hésite pas à manœuvrer tous ceux qui peuvent faire office de témoins. Même s'ils ne sont témoins de rien, le pervers narcissique leur trouve quelque chose à attester. La plupart du temps, il a déjà préparé le modèle d'attestation qu'il demande aux témoins de recopier à la main. Il les persuade en jouant sur diverses cordes sensibles : la notion d'amitié, la culpabilisation, le principe de réciprocité, etc. Et enfin, il omet le plus souvent de faire ajouter la petite phrase finalisant l'attestation, et qui dit à peu près ceci : « Je soussigné, Monsieur X, certifie sur l'honneur l'exactitude de mes déclarations ci-dessus et peut en témoigner à la demande de la justice. » Il est vrai que lorsque vous écrivez un témoignage certifié sur l'honneur et que vous inscrivez être prêt à le répéter sous serment devant un tribunal, vous êtes moins enclin à écrire des mensonges, n'est-ce pas ?

LA GARDE DES ENFANTS REVENDIQUÉE

Le manipulateur-parent ne supporte pas d'être quitté. Il enclenche donc systématiquement les « mécanismes » appelés « état de victime » et « guerre à la mère ». Il tente de convaincre ses enfants qu'il est injustement abandonné (« maman nous abandonne »). Puisqu'il ne s'en explique pas la raison, il ne peut être que victime de méchanceté. Témoins et victimes eux-mêmes, depuis de nombreuses années, les enfants, à partir de l'âge de 10 ans, ne sont plus dupes. La tentative de « ranger les enfants de son côté » échoue le plus souvent. La situation étant délicate, les enfants ont tendance, jusqu'à l'adolescence, à ne pas montrer leurs sentiments, ni dans un sens ni dans l'autre. En revanche, l'adolescent laissera exploser sa colère souvent réprimée et n'hésitera plus à faire état de son sentiment négatif vis-à-vis du parent (ou du beau-parent) qui lui « en a tant fait baver » !

Contre toute attente, **le père manipulateur réclame la garde des enfants.** Il ne s'agit pas de bluff pour le moment. Il revendique officiellement cette garde. Par cette soudaine attitude, il atteint au moins trois de ses objectifs :

- porter un préjudice moral à son ex-compagne en continuant ses manœuvres pour finir de la détruire ;
- laisser penser aux juges, avocats et à l'entourage que la femme dont il se sépare n'est pas digne d'être responsable de ses propres enfants ;
- épater l'entourage et influencer la justice sur ses pseudo-qualités de père responsable et attentif. En faisant une telle demande, il se montre courageux, surtout lorsque plus d'un enfant est en cause.

L'unique fils d'Agnès ne rencontre son père que lorsque ce dernier le demande, c'est-à-dire selon ses autres occupations personnelles prioritaires. Toutes les demandes sont faites à la dernière minute, ou bien sont soumises à des changements inattendus. Le père manipulateur persiste à nier ces faits. *« J'envisage de mettre en place une structure plus légale,* confie Agnès, *mais je retarde le moment en imaginant les difficultés auxquelles je devrai faire face. Je recherche un avocat de confiance. Il me faut cependant prendre les devants, car il m'a souvent répété que "la place d'un garçon, à l'âge de raison, est avec son père". Bien qu'il m'ait affirmé à plusieurs reprises qu'il ne mettrait jamais cette menace à exécution, c'est-à-dire réclamer la garde complète de mon fils, j'ai de sérieuses craintes à ce sujet. »*

Presque toutes ces mères s'entendent sur le point suivant : même si les pères en question s'occupent parfois des enfants pour les loisirs (jeux vidéo, promenade, vélo, etc.), ce n'est pratiquement jamais le cas pour les soins quotidiens. Qu'il s'agisse de changer les couches au milieu d'un repas, de penser à raccommoder une poche, de chercher les fournitures scolaires à la rentrée, ou bien encore de sacrifier quelques rendez-vous professionnels pour se rendre à ceux des professeurs de l'école des enfants, ces pères, en général, ne sont pas disponibles dans ces moments-là.

« D. a obtenu la garde de ses deux enfants de 8 et 11 ans à la suite du divorce avec son ex-épouse. Ceux-ci vivaient avec nous, raconte

Adeline. *Il les laissait déjeuner seuls le matin et partir à pied à l'autre bout de la ville pour se rendre à l'école alors qu'il ne commençait son travail qu'à 11 h. D. souffrait d'insomnies, certes. Mais il ne semble jamais avoir réalisé que ses deux enfants avaient d'autant plus besoin de sa présence qu'ils étaient séparés de leur mère. Il pensait avant tout à lui.* »

Le fait de ne pas s'occuper du quotidien de leurs enfants quand ils le peuvent n'est évidemment pas un comportement uniquement attribuable aux manipulateurs : bien d'autres pères agissent ainsi. Ce qui est étonnant ici, c'est de ne pas porter un véritable intérêt à leurs enfants et de se déclarer soudain prêts à le faire au moment d'une séparation d'avec la mère. Ces pères manipulateurs réclament d'ailleurs la **totale** responsabilité des enfants de tous âges : pas de limites ! Le mari de Pauline a obtenu la garde de leurs trois enfants, dont le cadet a 18 mois ! D'autres osent revendiquer la responsabilité paternelle d'un enfant qui n'est pas le leur sur le plan génétique. Ou encore l'inverse : certains adoptent officiellement l'enfant du conjoint pour prouver son amour vis-à-vis de la petite famille, mais rejettent cet enfant au moment de la séparation. C'est le cas pour Charlotte.

« À l'heure actuelle, je ne réussis pas encore à m'expliquer comment j'ai accepté qu'il reconnaisse ma deuxième fille de deux ans ! Je ne comprends pas non plus pourquoi je me suis mariée avec lui 10 mois seulement après notre première rencontre. Je pense que j'ai vécu ***chaque jour*** *un véritable bourrage de crâne agrémenté de culpabilisation :*

« "Si tu m'aimes vraiment, tu dois m'épouser."

« "Regarde tout ce que je fais pour toi : je t'offre une maison, je te sors de tes problèmes financiers, je t'apporte tout sur un plateau d'argent… La seule chose que je te demande, c'est que ta petite fille porte mon nom pour qu'elle soit vraiment ma fille. Mais cela, tu ne le veux pas… Ce n'est pas sympa."

« Tous les jours, sans aucune exception, il revenait sur le sujet avec un air de chien battu. Il avait l'air d'être le plus malheureux des hommes

parce qu'il ne pouvait pas reconnaître ma fille, ni m'épouser. C'est sûrement tout cela qui m'a finalement poussée à accepter ces deux événements (que je ne souhaitais pas). Sur les 30 caractéristiques du manipulateur, cet homme en a 27 !»

Charlotte essaie de divorcer après deux ans d'un mariage catastrophique. R. refuse totalement l'idée d'une séparation, tout en se plaignant d'avoir eu affaire, toute sa vie, à des «putes» et à des «salopes». Il se met à proférer des menaces, jurant que s'il part du domicile, ce sera entre deux policiers. Il promet même de ne rien laisser, quitte à se ruiner lui-même. Pire, il jure de se battre pour avoir la garde des filles (celle de Charlotte et la dernière de 20 mois qu'ils ont ensemble !).

«Pendant notre vie commune, il prenait les enfants "en otages affectifs". Tant qu'elles venaient le câliner, il était très gentil. Puis il les ignorait totalement. Il n'a jamais éduqué les enfants. Il ne leur faisait aucune remarque. Il n'a jamais demandé à ma fille la plus vieille ce qu'elle faisait à l'école, pas plus qu'il n'a demandé à voir ses bulletins scolaires. Il n'était même pas au courant du type d'activités qu'un enfant peut avoir, ni même de l'heure à laquelle un enfant va au lit. Jamais il ne s'est intéressé à toutes ces choses importantes qui peuplent la vie d'un enfant, et il ose maintenant vouloir la garde de mes filles !

«Lui qui voulait ses enfants à tout prix, et ce depuis la première procédure, n'a paradoxalement pas voulu du droit de visite légale du vendredi soir au lundi matin, une fin de semaine sur deux. Il a demandé à ce que je garde les enfants jusqu'au samedi, 14 h ; il n'emmène pas ma fille la plus vieille avec lui (heureusement, car elle le déteste), mais vient seulement chercher notre petite fille commune (un jour et demi tous les 15 jours).

«Par des connaissances de travail de R. (qui est médecin), j'apprends qu'il joue la pauvre victime dont la femme le prive de ses filles. Il fait croire à tout le monde que je l'empêche de les voir, alors que c'est lui-même qui a demandé à l'avocate un droit de visite de trois jours par

mois. J'ose maintenant montrer les documents de son avocate et les gens ouvrent enfin les yeux !

« Par ailleurs, j'ai tenté d'obtenir un acte de désaveu de paternité pour ma propre fille, mais, malheureusement, la justice belge ne le permet pas dans notre cas. »

DIVORCE À L'AMIABLE : UNE UTOPIE !

Vous avez pris la décision de vous séparer ou de divorcer légalement et vous espérez que tout se déroule normalement, sans conflit. Dans le but plus ou moins conscient d'amadouer celui ou celle qui partageait votre quotidien belliqueux, vous faites la requête d'un divorce par consentement mutuel. Cela serait la forme de divorce la plus intelligente, la plus rapide et la plus efficace. Il y a cependant un hic : vous êtes en train de vivre une nouvelle illusion.

La femme ou l'homme manipulateur ne se résout pas à cette simplicité, car il ne compte pas laisser partir indemne son (sa) partenaire.

Un manipulateur est très rarement l'instigateur d'une séparation ou d'une demande réelle de divorce, bien qu'il en formule la menace depuis des lustres !

Quand bien même il a rongé sa proie jusqu'à l'os, il ne peut se résoudre à l'abandonner simplement parce qu'elle le réclame. Sa vie durant, le manipulateur contrôle les autres. Son ego est fortement ébranlé quand son propre conjoint tente de lui échapper. Ne se remettant aucunement en cause malgré l'échec évident, il ne peut consentir à laisser son partenaire s'attirer seul la compassion de l'entourage. S'il faut une victime, ce sera lui !

Lorsqu'il réalise que le conjoint est, cette fois, fermement décidé à divorcer (par une lettre d'avocat par exemple), son agressivité dans l'enclos domestique redouble de vigueur. Comme nous l'avons vu, après avoir imploré et ressorti la panoplie du séducteur (fleurs, tâches domestiques, « je t'aime » et « tu ne peux pas nous faire ça »), sa rage d'échouer à faire plier l'autre l'emporte. Les insultes et les menaces fusent :

« De toute façon, je t'aurai ! »
« Tu n'es qu'une putain ! »
« Tu n'auras rien ! »
« Je te mettrai sur la paille. »
« Tu ne reverras plus les enfants… »

En cas de séparation de corps, le manipulateur est capable de harcèlement téléphonique, ou peut tout à coup se mettre à vous suivre. Si vous en apportez la preuve, la loi punit ces agissements.

Si vous avez des enfants, ceux-ci sont souvent pris à témoin ou observateurs des humiliations infligées au partenaire. Ils vivent cette période avec un sentiment de terreur difficilement supportable. Pas étonnant qu'ils retournent immédiatement dans leur chambre sitôt les repas familiaux terminés !

À l'extérieur des murs domestiques, l'inverse se produit : le manipulateur ne terrifie plus personne, il met plutôt son masque d'individu « malheureux et désireux de voir le couple se reconstruire ».

Le mari que Pauline a quitté et avec qui elle est en procès (elle veut que ses trois enfants reviennent vivre avec elle) persiste à demander à ses beaux-parents de la raisonner : *« Elle a un coup de lune parce qu'elle ne supporte pas la quarantaine. »* Un des fils de Pauline lui a dit : *« Maman, papa pleure parce que tu es partie de la maison et que tu ne lui parles plus. »* Les parents de Pauline rapportent que quand il passe chez eux avec les enfants, il prend sa petite fille de cinq ans sur ses genoux et l'embrasse sans arrêt en répétant « pauvre chou ». Le mari de Pauline ne s'adresse pas directement à celle-ci pour lui demander de revenir. Il considère d'ailleurs qu'elle a 95 % des torts ; il ne prend que les 5 % qui restent !

Quelques mois avant d'imposer à son mari la séparation, Charlotte consulte un psychiatre. Après l'avoir écoutée et questionnée, ce dernier ose la remarque suivante : « Quand on a un minimum de respect pour soi-même, madame, on ne supporte pas ce que vous subissez. » Ce fut le déclic. Le père de Charlotte, de son côté, lui offre le livre *Les manipulateurs sont parmi nous*. Charlotte est en proie à des pensées suicidaires. Son mari refuse la séparation. Elle décide soudain d'une stratégie : lui rendre la vie très difficile. Elle ne lui adresse plus la parole, prend ses repas sans lui, part faire les courses quand il est à la maison. Elle organise tout son emploi du temps pour le voir le moins souvent possible. Il redevient odieux avec elle. Auparavant, elle réagissait par des pleurs et un profond désarroi. Aujourd'hui, elle ne ressent plus rien. C'est un total changement d'attitude qui déstabilise le manipulateur. Un mois plus tard, Charlotte confirme sa requête en divorce. Son époux affirme qu'il ne partira pas de lui-même. Il jure de ne rien lui laisser et de se battre pour la garde des enfants. Or, surprise… Lorsqu'il apprend par son avocate qu'un juge va sûrement en décider autrement, il change radicalement d'attitude en une semaine ! Il décide par lui-même de quitter le domicile conjugal !

Il veut garder le beau rôle. Ainsi, il peut faire savoir à qui veut l'entendre que sa femme lui fait perdre sa maison et ses enfants en le jetant à la rue, sans rien.

Charlotte a demandé un divorce par consentement mutuel. Elle commence à s'en mordre les doigts et elle doute que cela aboutisse.

L'histoire de Charlotte est représentative de pratiquement tous les autres témoignages.

Le partage des biens

Le manipulateur affirme haut et fort qu'il ne veut pas de conflit et qu'il aspire à ce que tout se passe bien. Mais ses agissements vont dans le sens opposé.

Au lieu de négocier le partage des biens, il dicte ses exigences et se montre rapace. Il ne respecte pas la liste des biens qui lui reviennent. Il est même capable de prendre l'argenterie offerte par votre grand-mère lors de votre mariage...

Diane se souvient : *« Il a tout emporté sauf un vieux tableau et de vieux ustensiles de cuisine. Il est parti avec la grosse voiture, l'argent et tout ce qui pouvait lui être utile (ou pas !). Mais peu m'importait. Je savais que je ne récupérerais pas l'argent qui me revenait. Je ne réclamais que la garde des enfants et surtout de me débarrasser de lui au plus vite. »*

Le manipulateur est capable de tout emporter, d'un seul coup. Il est aussi capable, dans certains cas, de ne vous débarrasser de ses effets personnels qu'au compte-gouttes. Il lui est toujours très difficile de quitter un territoire dont il se croyait le seul propriétaire et le souverain.

Charlotte envisage maintenant de faire la demande d'une procédure judiciaire. Son mari ne respecte pas les paiements ni la liste des affaires qu'il devrait emporter. Cela crée des discussions sans fin par l'intermédiaire des avocats. Chaque fois qu'elle cède sur des points, il déplace le litige ailleurs. Elle a dépensé une petite fortune et ne peut plus payer son avocate. Elle sait qu'il agit aussi dans ce but.

Charlotte, comme tant d'autres conjoints de manipulateurs, fait beaucoup de concessions (rapidement) de façon à ne plus entendre parler de lui et de tous les problèmes reliés au divorce ou à la séparation. Elle ne réclame qu'une pension minimum pour les enfants mais rien pour elle, alors qu'elle a cessé de travailler !

Au moment où une réparation symbolique d'une vie commune douloureuse peut s'établir, le conjoint victime baisse les bras. Il s'épuise sur la dernière ligne droite. C'est donc sur ce plan qu'intervient le rôle de l'avocat payé pour défendre ses intérêts.

Choisir son avocat : pas mûr, s'abstenir

L'avocat que vous choisissez est certes rémunéré pour défendre vos intérêts, mais il représente aussi, dans ce cas particulier, un soutien psychologique essentiel.

Malheureusement, bon nombre d'entre eux n'ont pas de formation en psychiatrie ou n'ont pas la psychologie nécessaire pour déceler assez rapidement la personnalité du manipulateur. Autrement dit, tout comme nous, les avocats peuvent facilement se faire berner par le manipulateur ou la manipulatrice. Cela ne remet aucunement en cause les compétences juridiques de ces avocats, mais ce manque de connaissances peut sérieusement compromettre les résultats d'une procédure et vous faire perdre beaucoup de temps (et d'argent).

« Très vite, dit Diane, *mon avocate m'a dit : "Physiquement, il ne donne pas cette impression, mais il faut vous méfier, car c'est vraisemblablement quelqu'un de très dangereux." Elle n'avait pas tort. J'ai gardé cette avocate et, sur son conseil, j'ai demandé un divorce pour faute. Il était furieux et très vexé que la justice lui donne trois mois pour quitter le domicile conjugal. "Tu m'as chassé", disait-il. Il a redoublé de violence verbale, ce qui était extrêmement pénible pour les enfants et pour moi-même. Il n'a jamais osé utiliser la violence physique, car je pense qu'il savait que s'il en arrivait là, il serait "dans son tort", ce qu'il ne voulait surtout pas montrer. Vraisemblablement, si je n'avais pas demandé le divorce pour faute, cela aurait duré plus longtemps. Il m'aurait fait des problèmes, il ne se serait pas présenté aux audiences, il aurait tout fait pour traîner en longueur... »*

Une procédure de séparation de divorce par consentement mutuel ne doit en aucun cas être choisie comme une stratégie **systématique.** Encore moins être un choix précipité de la part de l'avocat, même si vous n'aspirez qu'à une chose : en finir au plus vite et sans obstacle. Tout manipulateur finit par s'en remettre à la loi, mais dans le but de la contourner.

Il revient à l'avocat de comprendre que divorcer d'un manipulateur ou d'un pervers ne peut se faire sans problèmes. À lui d'anticiper et de contrecarrer ses plans à la vitesse de l'éclair. Une qualité utile : jouer de l'effet de surprise. Le manipulateur est indéniablement plus rapide que vous. Il a encore beaucoup d'énergie et il s'applique à l'utiliser contre vous par tous les moyens possibles. Pourtant, il exhibe le masque d'une personne calme, soucieuse de son apparence vestimentaire, polie, souriante, réservée, ou bien celui d'une victime qui ne comprend pas ce qui lui arrive. Il entre le plus souvent dans un jeu de séduction qui inhibe la vigilance habituelle des avocats, des médiateurs ou des juges.

P., l'ex-compagnon de Sylvie, est un manipulateur qui joue subtilement de ses qualités de séducteur. Les femmes y sont sensibles : les deux avocates de chaque partie et la juge sont entrées dans son jeu sans probablement en avoir conscience. *« La première avocate a changé d'attitude le jour de l'audience, s'étant arrangée à mon insu avec la partie adverse. Le deuxième avocat m'a longuement écoutée, consterné, mais après avoir relancé une procédure, celui-ci, bien qu'intransigeant, ne put avoir gain de cause. Madame la juge a refusé de rouvrir le dossier, prétextant qu'il n'y avait aucun élément nouveau. Elle nous a proposé une médiation pour régler notre problème de communication. En me fixant du regard, elle a ajouté que cela nous apprendrait à nous écouter ! Peu de temps avant, lors d'un report d'audience, elle m'avait dit : "Madame, si vous ne vouliez pas être embêtée, il ne fallait pas faire d'enfants avec un steward !" »*

Lorsque vous choisissez un avocat, misez sur les critères suivants : sa lucidité et sa faculté d'anticipation. Son âge, son sexe ou la durée de sa carrière ne sont pas de bons critères dans ce cas-ci. L'avocat dont vous avez besoin ne doit être ni doux ni conciliant. Il doit savoir jouer le jeu du calcul et faire preuve d'une plus grande détermination que la vôtre. En vous tenant au courant de ses idées et de ses stratégies, il gagne votre confiance. En revanche, un avocat lui-même manipulateur n'est pas honnête envers son client. Non seulement, il profitera de votre faiblesse et de votre crédulité, mais il sera capable de faire alliance avec la partie adverse. Votre argent l'intéresse plus que tout. Sylvie semble en avoir fait les frais.

« Le jour de l'audience pour décider de la garde de notre fils, j'apprends que mon avocate vient d'avoir une conversation téléphonique avec l'avocate de P. Elle a retiré du dossier quelques papiers compromettants. Dans la salle d'attente, elle me dit : "À moins qu'il soit alcoolique ou bien en prison, on ne pourra rien prouver. Laissez-moi faire et taisez-vous. N'intervenez pas pendant l'audience." Cette avocate n'a démenti aucun dire de la partie adverse. Elle ne m'a défendue à aucun moment ! Néanmoins, immédiatement après l'audience, dans le couloir, elle m'a réclamé l'argent que je lui devais ! »

Si votre ex-conjoint manipulateur est un procédurier averti, votre avocat doit se préparer à ne faire aucun impair sur le plan juridique. Le manipulateur féru de procédures consacre plusieurs heures par jour à débouter des lois tout en s'appuyant sur d'autres lois. Il est probable qu'il dicte à son propre avocat la marche à suivre.

Choisir son avocat peut aussi dépendre d'un critère « politique ». Dans certaines régions où les avocats sont peu représentés, les relations mondaines prennent une importance particulière. Le manipulateur, personnalité narcissique à la base, s'arrange pour créer des liens amicaux influents et tente par ce biais d'obtenir quelques égards et considérations dignes de son rang. Tout cela pourrait être sans conséquence. Mais il s'agit ici d'une affaire sérieuse. Le manipulateur se fait défendre par un avocat renommé qui a une très grande influence sur son entourage judiciaire et politique. Tous n'en ont pas les moyens, mais si cela lui est accessible, le manipulateur « sautera sur l'occasion » ! Raymonde en témoigne.

« La période de six mois de séparation arrive à son échéance. Mon avocat retourne sa veste comme s'il était devenu l'avocat de mon mari ! J'apprends que mon mari vient de choisir comme défenseur le propre

père de mon avocat ! Celui-ci est considéré comme le meilleur de notre région. Le père et le fils travaillent dans le même cabinet. Mon avocat n'ose pas s'opposer à son père. Ce dernier, pour rester dans la légalité, décide finalement de déléguer le dossier à un autre avocat. Mais on me dit que l'avocat-père gardera l'œil sur les deux dossiers. Mon mari était délégué syndical. Il était très "engagé" et a donc beaucoup d'amis en politique. J'ai été obligée d'annuler le mandat de mon avocat. J'ai fait appel à une avocate d'une autre région. Heureusement, mes deux filles se sont présentées avec moi au bureau de cette avocate pour me soutenir et expliquer que seuls les membres de la famille peuvent décrire le vrai visage de mon mari. J'essaye de récupérer le maximum de biens qui me sont dus, mais ma priorité est de ne plus vivre avec lui. Je me bats, assise dans ma voiture de handicapée, la tête haute… »

Dans le cas d'un procès, que ce soit pour décider de l'avenir des enfants, des biens communs ou pour divorcer officiellement, l'approche stratégique de l'avocat est prépondérante.

Monique a opté pour le divorce par consentement mutuel malgré l'interdiction de divorce émise par son époux au départ. Elle prend le risque de faire appel à un avocat que son mari connaît, un « ami de la famille », qui sera « l'avocat commun ». Cet humaniste fait preuve de beaucoup de patience et semble comprendre certaines choses. Il prend l'époux à part et lui dit : « Tu dois être correct avec Monique. Tu dois pouvoir te regarder dans une glace tous les matins sans aucune honte. » Attaché à son image de marque plus que tout, l'époux manipulateur, après avoir résisté quelque temps, finit par lâcher prise et concède des prestations financières tout à fait honorables à son ex-femme, pour elle-même et ses trois enfants.

Le succès d'une procédure menée par un avocat commun est aléatoire dans les cas qui nous préoccupent. S'il garde les deux mandats, il aura tendance à demander au membre du couple le moins revendicatif de faire des concessions… Une fois de plus.

Les témoignages concordent pour reconnaître qu'un divorce à l'amiable avec un manipulateur est une utopie. La conciliation est fort difficile, car la mauvaise foi fait rage. Les victimes espèrent qu'enfin tout va se passer de façon fluide, mais il s'agit souvent d'un fol espoir. Un avocat averti en vaut deux. Il est un allié important.

Le soutien des autres

Malgré l'air déterminé que prend le manipulateur pour proférer ses menaces, il n'est pas aussi puissant qu'il le laisse croire. Cependant, la justice n'est pas toujours assez lucide pour déceler les manipulations et le risque d'échec existe. Vous pouvez recourir à la loi existante pour contrer les malversations, mais vous pouvez aussi compter sur la ténacité de ceux qui vous entourent. S'assurer d'un entourage bienveillant et dévoiler les secrets de votre vie conjugale demeurent sans aucun doute les conditions essentielles pour obtenir un soutien efficace.

« *Depuis le début, j'ai reçu un soutien énorme de la part de mes proches,* explique Charlotte. *Mes parents et mes frères m'ont avoué leur méfiance dès qu'ils l'ont rencontré. Même s'il m'offrait de somptueux bouquets de fleurs à chacune de leurs visites, ils ne se laissaient pas duper. Ma belle-sœur, infirmière en milieu psychiatrique, a décelé très vite les graves problèmes de personnalité de R. Mes parents ont toujours été prêts à m'accueillir. Mon père a été si touché par ma déchéance qu'il en est devenu dépressif et pleurait souvent. Ma meilleure amie a également été très présente malgré les nombreuses tentatives de mon mari pour l'éloigner. J'ai reçu un grand soutien psychologique de la part de mon médecin de famille homéopathe et du psychiatre que j'ai consulté. À la fin de ma relation, j'étais dans un tel désarroi que j'appelais mes parents à 3 ou 4 h du matin. Je voulais m'échapper, quitte à lui laisser mes enfants…* »

Grâce au soutien de ces différentes personnes, Charlotte a réussi à ne pas s'enliser dans cette relation plus de trois ans.

Mes propres observations et tous ces témoignages me font penser que la force de caractère, la confiance en soi initiale et la présence du soutien social et familial ont une influence **sur la durée** de la relation. Mais elles en ont **peu sur l'intensité** de la douleur **ni sur la nature et la profondeur** des dégâts psychologiques et somatiques causés. *A posteriori*, Charlotte remercie tous ces gens qui l'ont aidée.

« Je pense qu'il n'est pas possible de sortir de cette relation si nous ne sommes pas excessivement encadrés et bien entourés. J'ai eu cette chance. J'étais tellement résignée... Même quand mes parents me secouaient pour me faire revenir à la vie. On est tellement dépersonnalisé, on a tellement perdu sa capacité de réaction, on a tellement peur... Je pense qu'il est très difficile de s'en sortir sans se faire encadrer psychologiquement et juridiquement, mais aussi par les amis et la famille. »

Jusqu'à récemment, peu de nos proches étaient en mesure de comprendre l'impact et l'emprisonnement psychique que représente un lien amoureux avec une personnalité manipulatrice ou perverse. Ajoutons que ceux et celles qui ont partagé 25 à 40 ans de leur vie avec un conjoint manipulateur ou pervers ont la délicate tâche d'avouer leur réalité. Il leur faut du courage pour « démystifier l'image du couple uni ». La honte d'avoir accepté (enduré) tout cela est si cuisante qu'elle rend le premier pas pour dévoiler la vérité fort éprouvant.

Comme la plupart des amis ont été évincés avec le temps, il leur est encore plus difficile d'imaginer tout ce qui se passait pour vous. Un grand nombre de manipulateurs arborent le masque du « sympathique et/ou du séducteur » en public. Avez-vous entendu des remarques du type : « Il (elle) est formidable. Tu en as de la chance ! » Combien d'entre vous sont alors restés silencieux pour ne pas démentir cette vision erronée (mais flatteuse) ? Combien d'entre vous pensent encore que s'ils dévoilaient la personnalité manipulatrice de leur partenaire, **on** ne les croirait pas ? C'est possible ; et alors ? Si vous vous confiez à 10 personnes et que 3 ou 4 d'entre elles ne mettent pas en doute ce que vous dévoilez, cela suffit. Être reconnu comme victime d'une histoire « incroyable » est essentiel. Mais il n'est pas nécessaire que **tout le monde** croie à votre histoire.

Les « psys »

Le monde des « psys » est vaste. Essayons un peu d'y voir clair.

Les psychiatres sont des médecins. Parfois, ils suivent une formation complémentaire en thérapie analytique, en thérapies comportementales et cognitives ou autre. Les psychanalystes, les comportementalistes, les cognitivistes, les gestaltistes, les sophrologues, les thérapeutes familiaux, les systémiciens, les PNListes, les thérapeutes en approches corporelles ou émotionnelles et d'autres peuvent être également médecins, psychologues, paramédicaux ou sans diplôme de base reconnu par l'État (Diplôme d'État). Seuls les médecins et les psychiatres offrent la possibilité d'une prescription médicamenteuse. Mais dans le cas qui nous intéresse, cette option (antidépresseurs, anxiolytiques, hypnotiques...) ne compense pas le besoin d'être écouté et compris.

Le cas des victimes de pervers narcissiques est encore peu connu des professionnels malgré sa fréquence en clinique. La théorisation à outrance semble avoir fortement retardé la véritable compréhension des phénomènes psychiques liés à la manipulation mentale et affective. Autrement dit, certains psys veulent absolument s'expliquer le vécu de leur patient par un cadre théorique pré-établi et donc déjà reconnu par leur formation. Cela représente davantage un inconvénient, car la demande de ces patients victimes couvre un registre d'approche plus vaste que d'habitude.

En effet, au moment où le conjoint victime choisit de consulter un psychothérapeute, ses attentes sont multidirectionnelles et revêtent un caractère d'urgence :

- les insomnies et autres somatisations altèrent sa santé physique ;
- l'estime de soi est gravement blessée ;
- la dépression nerveuse est souvent installée et ronge son énergie ;
- l'anxiété est à son paroxysme : elle se manifeste par des symptômes phobiques ou des attaques de panique ;
- la culpabilité et les cognitions irrationnelles créent une réelle confusion et parasitent le discernement.

Tout cela ne représenterait qu'un échantillon classique du « matériel de travail » de tout psychothérapeute si le problème présenté par le patient en alerte ne faisait appel à d'autres besoins :

- celui d'être écouté, sans jugement du style « Finalement, vous souffrez mais vous restez ! » (ce qui sous-entend : « vous le voulez bien » ou « vous devez être MASOCHISTE sans le savoir ») ;
- celui d'être compris, ce qui suppose qu'un patient victime d'un manipulateur pense ceci : « tout psy sait nécessairement de quoi je parle » ;
- celui de trouver des réponses précises à des questions précises ; des réponses concrètes à des questions concrètes (exemple : « Mes enfants doivent-ils revoir leur père (mère) alors qu'ils ne le supportent plus ? ») ;
- celui d'obtenir des conseils de stratégies pour se protéger du manipulateur au quotidien, pour protéger les enfants, pour se séparer, pour divorcer, pour se refaire une santé financière, pour aider son avocat à comprendre le problème en cas d'action juridique, pour limiter ou abolir tout contact avec le manipulateur…

Bref, le psychothérapeute se retrouve investi d'un pouvoir de consultant psychologique, somaticien, comportemental et juridique !

Il n'est donc pas question pour un thérapeute averti de cette problématique spécifique de se lancer immédiatement dans l'exploration du passé infantile. Les psychanalyses freudienne et lacanienne classiques ne répondront pas à la nature et à l'urgence de votre demande. Je n'affirme pas que les autres formes de thérapies soient mieux adaptées à vos besoins. Je pense plutôt que l'expérience et la personnalité du thérapeute sont deux critères qui vous feront découvrir si cette personne est susceptible de vous convenir. Certains sont formés à la victimologie, mais il ne s'agit pas ici d'accompagner les victimes d'un *stress post-traumatique* à la suite d'un attentat, d'un viol, d'une catastrophe naturelle, ferroviaire, etc. Même si les points communs avec ces victimes sont nombreux en ce qui a trait à la symptomatologie, il n'en reste pas moins que la cause est fort différente : la personnalité narcissique sévit encore et de façon quotidienne.

Pour le moment, seul le bouche à oreille vous fournira l'adresse du professionnel adéquat. Cela dit, ce professionnel déléguera toutes les questions juridiques à votre juriste ou à votre avocat, les questions d'ordre social au travailleur social et les questions médicales au psychiatre si le thérapeute ne l'est pas lui-même. Le psychothérapeute que vous consultez devrait se tenir au courant et se « coordonner » à tous ces autres domaines, si vous êtes en procès par exemple. Comme l'avocat, il doit essayer d'anticiper les réactions et les agissements du conjoint manipulateur selon les différentes étapes que vous traversez. Évidemment, ces « adaptations » constantes vont demander une grande énergie au thérapeute s'il veut être en mesure d'assumer la confiance et la responsabilité que vous lui conférez. Son rôle consiste donc à vous aider, par le biais thérapeutique, et à l'aide de certaines directives précises quand le danger se fait sentir, à **réapprendre à discerner ce qui est bon pour votre épanouissement.** Il travaille donc à la fois à répondre à l'urgence de votre situation, mais aussi à vous inciter, par un travail intérieur plus profond, **à ne pas retomber dans des schémas névrotiques anciens.**

Le soutien psychologique dont nous parlons ne représente pas nécessairement un engagement thérapeutique. Chacun des patients en liaison avec un manipulateur arrive en consultation avec la même problématique stéréotypée. Le thérapeute peut décider avec vous de s'arrêter à cet aspect de votre demande. Cependant, s'il décèle dans votre histoire des fondements psychiques dangereux pour votre bien-être futur, il vous fera part de son opinion et vous engagera à « consolider vos bases ». Peut-être vous indiquera-t-il une autre approche thérapeutique que celle dont il est le spécialiste.

Quel que soit votre choix, n'oubliez pas qu'un psychothérapeute travaille *pour vous* et non pas *contre vous* (si tel était le cas, changez de thérapeute !). C'est un travail de collaboration. Soyez honnête avec lui en n'omettant aucun aspect de vous-même ou de votre relation. Il ne vous juge pas. Sa démarche thérapeutique (sa façon personnelle de vous aider) est en étroite relation avec sa formation, sa philosophie, sa personnalité et son éthique, mais aussi avec « le matériel » que vous lui fournissez.

Agnès pense avoir trouvé une pédopsychologue adaptée à la situation. Son fils H. (cinq ans) est agressif depuis que son père (manipulateur à 27 caractéristiques) laisse planer le doute suivant : il veut que son fils aille vivre avec lui. Mais le fils ne veut pas vivre avec son père.

« Elle me semble consciente des difficultés que je peux vivre et être de bon conseil. Elle m'a mise en contact avec un juriste qui, d'après elle, pourra m'aiguiller vers les services utiles. Elle semble aussi penser qu'il serait peut-être judicieux de faire placer H. sous la tutelle d'un juge de la jeunesse (Belgique) qui agirait rapidement pour la protection de l'enfant. Il pourrait demander une expertise psychiatrique s'il estime que la santé mentale de H. en dépend. Cela aurait, d'après elle, plus de poids que si je la demandais moi-même. Lorsque je l'ai questionnée sur la réussite possible d'une telle démarche, elle m'a affirmé avoir rarement vu un tel profil de personnalité, même dans un cas de manipulateur. J'ai envie de lui faire confiance. Elle attend de

moi que je mette en place les premières bases légales et m'a fixé un rendez-vous dans un mois pour entamer une démarche thérapeutique avec H. Elle m'a également prévenue qu'une amélioration pourrait survenir dans l'attitude de H., avec le risque d'une aggravation chaque fois qu'il irait chez son père. (En fait, chaque fois qu'il est question d'aller chez son père, il refuse d'y aller. Je n'ai aucun pouvoir pour empêcher cela. J'ai seulement pu lui expliquer que son papa n'était pas le seul à décider de ce qui le concernait et que je ferais tout ce qui est en mon pouvoir pour le protéger.)

« Le témoignage que je vous fais parvenir par écrit a eu le mérite de m'aider à voir plus clair dans ma situation. Je me sentais très seule avant la récente rencontre avec cette psychologue. J'espère que ses conseils seront les bons. »

Je viens d'avoir des nouvelles d'Agnès, quelques mois après ce témoignage. La thérapie pour H. a lieu. L'enfant n'est plus agressif. Le père veut maintenant la garde *alternée.* Un procès est en cours.

L'impact d'une rencontre avec un psychothérapeute compréhensif peut effectivement donner de bons résultats, très rapidement.

Écrire le déroulement de sa liaison et de ses états d'âme a été pour beaucoup de témoins une sorte d'exutoire, un soulagement et **une façon de prendre ses distances face à sa propre histoire.** D'autres ont trouvé de l'écoute auprès d'*Associations contre le harcèlement moral dans la famille et dans le couple,* associations qui dispensent des consultations psychologiques et de l'information d'ordre juridique.

QUE FAIRE ?

Les conseils suivants tiennent compte de l'anticipation des réactions d'un manipulateur ou d'un pervers. Ne soyez pas choqué par l'aspect direct des recommandations.

- La solution la plus efficace est effectivement la séparation ou le divorce.
- Le divorce à l'amiable ne vous épargne pas le combat. Réfléchissez en termes de stratégies et oubliez l'aspect affectif.
- Faites légiférer toute décision concernant les biens ou la prise en charge des enfants.
- Parlez de votre projet ou de votre décision à ceux qui bénéficient de votre confiance. N'en avertissez le conjoint manipulateur que lorsque vous avez trouvé le bon avocat et posé vos jalons.
- Ouvrez un compte bancaire personnel si vous n'en avez pas ; assurez vos arrières.
- Consultez un avocat. N'hésitez pas à le laisser tomber s'il n'est pas suffisamment rapide, malin, ferme et déterminé, compréhensif et honnête avec vous. Dans ce cas, vous devez néanmoins lui régler ses honoraires.
- Faites lire un ouvrage sur les manipulateurs ou sur les pervers narcissiques à votre avocat et à votre entourage.
- Quand vous avez à envoyer des documents au manipulateur, envoyez toujours vos courriers en recommandé. Faites-les lire à votre avocat ou à un proche averti avant de les poster.
- Rassemblez des preuves de toutes sortes dès que vous pensez vous séparer.
- Gardez et photocopiez toute lettre et document qui pourraient vous être utiles en cas de procès. Placez-les en lieu sûr (chez un membre de votre famille, chez des amis en qui vous avez confiance, etc.).
- Enregistrez discrètement des conversations, des injures, des menaces, du chantage à votre égard et faites-les écouter à votre avocat et à votre psychothérapeute. Ils comprendront d'autant mieux la nature de la communication dans votre couple.

- Si vous êtes séparés de corps, ne conservez le contact avec votre ex-partenaire que par l'intermédiaire des avocats au début, puis des membres de votre entourage par la suite (par exemple : les grands-parents des enfants).
- Portez plainte à la police en cas de violence physique, sexuelle ou de harcèlement téléphonique. Ne retirez pas la plainte sauf si votre avocat vous en explique la raison stratégique.
- Pensez à mettre en cause les faux témoins de l'adversaire.
- Ne le prévenez jamais de vos intentions, même sous le coup de l'émotion (par exemple : « Garde la maison, le fric… Tout ! Je ne veux que les enfants ! »).
- Dressez une liste précise lors du partage des biens. Faites surveiller le déménagement par un homme de votre famille ou un ami proche (même connu de votre ex), liste en main. Vous n'êtes pas tenu d'être présent si ce moment génère chez vous trop de tension.
- Malgré votre désarroi et votre impatience, ne harcelez pas votre avocat ni votre psychothérapeute. Coopérez activement, tenez-les au courant, mais n'exigez pas leur attention exclusive. N'oubliez pas qu'ils ont plusieurs clients en même temps que vous.

CHAPITRE 11

Un nouveau départ

Quelle que soit la durée d'une liaison avec un manipulateur, une telle histoire ne s'oublie jamais. Pour en éviter les stigmates, redémarrer dans la vie doit devenir une priorité.

« Aussitôt que nous avons fait chambre à part, j'ai retrouvé le sommeil sans avoir besoin de prendre de somnifères », témoigne Raymonde (43 ans de mariage. Trois mois et demi pour se séparer). *« Nous sommes séparés depuis six mois. Sans lui, je revis ! Je me bats deux fois plus fort, pour moi et pour les autres. Je suis très bien dans ma peau. Pour la première fois de ma vie, j'ai voix au chapitre : je m'exprime à longueur de journée. Je rencontre en moyenne quatre personnes par jour. Je ne me suis jamais sentie aussi libre et aussi bavarde. J'ai commencé à m'aimer moi-même. Il n'est jamais trop tard ! Je suis de plus en plus contente de ma décision irrévocable. Je vis à 200 % mais au rythme d'une femme handicapée à 80 %. Je suis de plus en plus ouverte aux autres. Mais vis-à-vis de lui, je me renferme. Finie ma prison à vie, je suis libre ! Je suis heureuse ! J'ai assez donné ! »*

« Quand tu te sors de ça, dit Julien (homosexuel, 22 mois de liaison*), tu retrouves ton* MOI *! À la fin de ma relation avec A., je*

voulais mourir. Mais j'ai eu la volonté de ne pas me suicider comme l'a fait son ex-compagnon. Je souhaitais secrètement qu'il lui arrive "quelque chose". J'étais frustré, enragé. J'ai voulu quitter mon travail car A. venait m'y harceler chez les clients. J'avais le besoin de me retirer loin… très loin. J'ai dû réorganiser mes finances. J'ai changé d'adresse pour qu'il ne puisse pas me retrouver. Je me sentais déraciné avec lui. Mon père m'a aidé ainsi que ma meilleure amie, travailleuse sociale. Il avait vendu mes meubles, j'en ai donc acheté d'autres. Alors que je ne mangeais plus que des barres énergétiques, je me suis remis à me nourrir normalement. Je me suis racheté des vêtements, etc. Depuis mon déménagement, je n'ai plus entendu parler de lui, à l'exception d'une fois, et c'était sans grande conséquence. »

Peu de temps après la séparation physique, la santé reprend ses droits. On se réorganise sur le plan matériel, on retrouve goût à la vie…

Cependant, ce nouveau départ est plus aisé et plus rapide lorsqu'il n'y a pas d'enfants communs mineurs.

LES ENFANTS : JOUETS D'UNE GUERRE PARENTALE

La rupture étant maintenant officialisée, le manipulateur maintient un lien pernicieux à travers les enfants communs. Ceux-ci représentent un instrument privilégié pour continuer d'entretenir avec vous une relation perverse.

Pendant un an et demi, C. refuse que Brice voie ses trois enfants. (*« C'est toi qui es parti. C'est toi qui nous as abandonnées ! »*)

« Ça va de mal en pis, explique Brice. *Elle n'a peut-être jamais supporté que je la quitte et veut se venger. Tout en m'empêchant de voir mes filles, elle me reproche de ne pas pouvoir les prendre deux fins de semaine par mois. Chaque fois que nous parlons au téléphone, c'est une empoignade. "Tu m'empêches de vivre", dit-elle. Mais quand je lui*

demande de me donner une date précise, pour que je puisse aller chercher les enfants, elle ne me répond pas clairement ! Je vois le juge bientôt. Elle veut me retirer **totalement** *mon droit de visite. Bien que je n'aie pas choisi de faire des enfants avec elle, je les ai toujours aimés et j'assume ma paternité. J'ose dire qu'elle ne les éduque pas vraiment. Elle médit à mon sujet. Moi-même, je me surprends à le faire vis-à-vis d'elle quand elle va trop loin. Mes filles de 9, 7 et 5 ans ne m'appellent jamais spontanément. Je suis las, fatigué de ces enfantillages... Ça ne mène nulle part. »*

Dans un cas analogue, le mari de Pauline a obtenu la garde légale de leurs trois enfants. Elle se bat actuellement en deuxième procédure pour que ses enfants reviennent vivre avec elle.

« Ils veulent vivre avec leur mère, affirme Pauline. *Nous avons installé une symbolique pour compenser mon absence auprès d'eux. Mon mari, de qui je divorce, a osé dire à mes enfants que des connaissances avaient témoigné contre moi. Mon fils de 7 ans en est encore choqué. La petite de 5 ans ne se rend pas compte de la situation. Elle semble attachée à son père. Quand je les prends chez moi, deux soirs par semaine, mon ex-mari ne me donne pas les fiches de travail pour les devoirs de mon fils. Je dois alors téléphoner pour les réclamer. La réponse qu'il m'a faite ? : "C'est pour tester ton intérêt quant aux devoirs de classe de ton fils !" Je ne veux pas le dénigrer complètement, car c'est le père de mes enfants et il sera toujours leur père. »*

Malgré un succès dans sa requête pour la garde des enfants, un ex-conjoint manipulateur mettra tout en œuvre pour que l'autre parent voie ses enfants le moins souvent possible. Cependant, la loi, quand elle est bien appliquée, peut aider à modérer ce risque.

Mais il existe d'autres manœuvres sournoises que la loi est incapable de surveiller, du moins totalement. Il est courant que le parent manipulateur (qui n'obtient pas la garde complète) joue avec la planification des dates et des heures de visite. Par exemple :

- il change de projets au dernier moment ;
- il ne ramène pas l'enfant à l'heure prévue, n'appelle pas pour prévenir (sinon au dernier moment) et ne s'en excuse même pas ;
- il exige son droit de visite même s'il correspond au jour de votre fête (fête des Mères, fête des Pères, anniversaire) ou à toute autre célébration en rapport avec un proche important de l'enfant ;
- il s'arrange pour que vous conduisiez l'enfant à son domicile et reveniez le chercher, ce qui implique une désorganisation dans votre horaire et une prise en charge financière du transport qu'il ne songe pas à vous rembourser ;
- il cache toute information quant à son lieu de vacances avec l'enfant.

Sylvie explique : *« Je ne peux rien organiser à l'avance. Mon fils et moi devons agir "selon son bon vouloir". Il ment sur son agenda professionnel (il est steward). Pendant un an et demi, mon jeune fils pleurait quand il partait chez son père. J'ai dû expliquer à mon fils que les policiers pourraient m'embêter s'il n'allait pas chez son papa. Alors, il en a pris son parti… Lors des vacances, le père refusait de me fournir leurs coordonnées. Joindre mon fils était donc impossible. À plusieurs reprises, j'ai dû déposer des plaintes parce qu'il ne ramenait pas mon fils à la maison à la date prévue. La dernière fois que cela s'est produit, mon fils a eu très peur de ne pas revenir chez moi. Il en est resté perturbé. Il ne s'endort pas avant 23 heures et a développé une angoisse de séparation. Il est suivi par une pédopsychiatre. Mais cela va plus loin : son père lui fait transmettre des messages et le manipule. Mon appréhension est d'imaginer qu'il peut encore et pour longtemps déséquilibrer mon fils. »*

ÊTRE OU NE PLUS ÊTRE MANIPULABLE…

Il est commun de penser que les enfants sont manipulables à souhait. Cela dépend de leur maturité et de leur âge. Les adolescents ont acquis un discernement troublant. Souvent, dans le secret de leur cœur, ils gardent l'image désolante du spectacle de ce couple parental où le respect et l'amour n'avaient pas leur place. Leur colère s'exprime lorsque les options liées à leur âge se présentent à eux. Ils choisissent leur camp de façon tranchée.

Les trois enfants de Diane sont restés avec leur mère après le divorce. Son fils, qui est majeur, refuse catégoriquement de revoir son beau-père.

*« Mon fils l'a complètement rayé de sa vie. Ma fille de 16 ans ne le voit que quand elle le décide, et elle n'aborde avec lui que les sujets qu'***elle** *décide d'aborder. Il a d'ailleurs fort bien compris. Elle l'a prévenu que s'il tentait de la manipuler, de la culpabiliser, de lui extraire des renseignements sur son frère ou sur sa mère, il ne la reverrait plus. Mes deux grands enfants m'ont toujours soutenue ouvertement. La dernière (11 ans) est plus affectée. Cependant, elle a appris les techniques de contre-manipulation et apprend à s'en servir quand il essaie de la manipuler. Cela s'avère souvent nécessaire pour se protéger du harcèlement de son père. Elle est lucide, mais elle n'est pas en mesure de se positionner clairement. Elle rejoint son père tous les 15 jours. C'est le seul nœud qui reste dans ma vie actuelle. Quand son père la ramène les dimanches soirs, la soirée est gâchée ! Les filles se disputent à propos d'argent qu'il donne à l'une et pas à l'autre, à propos de choses dévoilées par la cadette à son père concernant l'aînée, etc. Les rares fois où j'ai dû, avec lui, organiser des rendez-vous pour les enfants, cela s'est toujours mal passé. Un grand sentiment de malaise m'envahissait. Je n'ai donc plus aucun contact direct avec cet homme. Je l'ai rayé de ma vie. »*

Diane a consulté un psychothérapeute comportementaliste-cognitiviste au moment de sa décision de divorcer : elle a poursuivi sa thérapie jusqu'au moment du jugement final.

Contrairement à Diane, Agnès a encore quelques contacts téléphoniques avec son ex-compagnon et contre-manipule volontairement depuis quelque temps. Pour le moment, son fils de cinq ans, H., est trop jeune pour en faire autant et reste très vulnérable. Voici le témoignage d'Agnès.

« Pendant notre relation, B. m'a demandé d'abandonner officiellement mon enfant pour que, lui, puisse l'adopter ! Quelle folle idée !!! Évidemment, j'ai refusé. Mais sachez que 15 ans auparavant, il l'a obtenu de la mère de son fils aîné ! Ce qui lui a permis, six ans après le fameux "âge de raison" de séparer presque totalement cet enfant de sa mère ! Dois-je le croire lorsqu'il m'affirme qu'il ne me séparera jamais de mon fils ? Et ce, après avoir dit plus d'une fois que "la place d'un fils, à l'âge de raison, est près de son père". J'ai aussi découvert que depuis environ trois mois, il répète régulièrement à H. qu'il (H.) va venir habiter chez lui pour toujours. Il nie catégoriquement, bien sûr. Il affirme que c'est l'imagination de H., ou mieux encore, que c'est le souhait de celui-ci !

Les relations sont actuellement tendues, car je réussis de mieux en mieux à exprimer des refus. Il le supporte très mal. Il a de moins en moins d'influence sur ma vie et sur mon psychisme, surtout depuis que j'ai participé à un séminaire spécifique pour mieux me protéger de lui. J'ai pu remettre le problème à sa juste place, c'est-à-dire chez lui et non chez moi. Cependant, j'ai remarqué que je suis sur la défensive et même parfois un peu agressive lorsque je décroche le téléphone, craignant d'entendre : "Bon, c'est moi... Alors je viens chercher H. tel jour à telle heure." Il appelle généralement après un silence de deux ou trois semaines sans se soucier le moins du monde des perturbations engendrées. Si j'ose un refus, il tente de me culpabiliser. Voici un exemple d'une conversation téléphonique, un mercredi soir.

Moi *Ah ! Tu es encore vivant ?*

B. *Tu vois, j'aurais pu être mort depuis six mois que vous n'en auriez rien su !*

Moi *Peut-être.*

B. *Je viens chercher H. samedi après-midi pour aller manger un morceau de gâteau chez marraine pour l'anniversaire de son frère.*

Moi *Non.*

B. *Mais c'est pour l'anniversaire de son frère tout de même ! (Demi-frère.)*

Moi *Peut-être, mais tu t'y prends de nouveau à la dernière minute…*

B. *Comment ? C'est s'y prendre à la dernière minute le mercredi soir pour le samedi après-midi ?*

Moi *Oui, lorsque c'est le week-end de la Saint-Nicolas et que tout est prévu depuis des mois. Mais tu peux venir chercher H. la fin de semaine suivante si tu veux. (Il faut préciser qu'en Belgique, la Saint-Nicolas est la fête au cours de laquelle des cadeaux sont distribués aux enfants, et que le père n'offre en général rien à son fils H. De plus, il réclame son fils le jour de la fête des Mères et à mon anniversaire.)*

B. *Tu ne te rends pas compte de ce que tu fais à ce pauvre enfant. Autrefois, il me téléphonait de temps en temps. Je vais réfléchir.*

Moi *H. ne me demande plus de t'appeler.*

B. *Évidemment, H. n'oserait même pas te le demander. Il sait bien comme tu es…*

(Sur les conseils d'un psychologue, j'ai effectivement arrêté de l'appeler. Je le faisais très régulièrement, imaginant que **je** *devais maintenir le contact entre le fils et le père après le départ de celui-ci. Le psychologue m'a fait comprendre que si je restais en contact et en attente vis-à-vis de lui, je ne pourrais aller mieux. J'ai donc pris la décision de ne lui téléphoner* **que** *sur la demande de H. Je lui ai même appris à téléphoner à son papa. La demande de sa part s'est faite de plus en plus rare, puis inexistante.)*

B. *D'ailleurs, il est toujours dans tes jupes… Tu as sûrement remarqué qu'il n'ose même pas me dire bonjour quand tu le conduis chez moi.*

(C'est exactement le contraire qui se passe : lorsque je dépose H. chez son père, il lui dit bonjour et ne fait plus attention à moi. J'ai pris l'habitude de lui dire au revoir en bas de l'immeuble, en dehors de la présence de son père. De même, de retour chez moi, il me dit bonjour et refuse de dire au revoir à son père.)

B. *Je pourrais tout de même aller lui dire bonjour à la sortie de l'école ?*

Moi *J'avais oublié que tu aimais avoir un public qui puisse te plaindre…*

B. *Sûrement pas. Mais là, au moins, je peux le voir en dehors de ton influence.*

Moi *As-tu autre chose à me dire ?*

B. *Mais tu ne te rends pas compte (…)*

Là-dessus, je l'ai laissé épiloguer seul et j'ai raccroché. Je craignais, comme auparavant, une nuit d'insomnie. Cela n'a pas été le cas. Je suis en train de guérir ! »

Agnès nous expose à son tour quatre courts exemples de contre-manipulation lors de dialogues. Une occasion pour elle de décrypter, à travers des échanges avec son fils, les tentatives de manipulation mentale du père sur son fils.

Un peu avant l'âge de trois ans, conversation entre mon fils et moi : je renverse un peu de lait et je dis :

A. *Regarde, j'ai fait une bêtise !*

H. *Oui, quand tu fais quelque chose, tu ferais bien de demander à papa si tu peux.*

A. *Pourquoi dis-tu cela ?*

H. *Tu as décidé toute seule d'avoir un bébé et papa, il ne voulait pas !*

Il y a quelques mois, H. me dit :

H. *Quand on mange du chocolat, on est malade.*

A. *As-tu déjà été malade après avoir mangé du chocolat ?*

H. *Non. Mais papa dit que quand on mange du chocolat, on est malade.*

A. *Et toi, tu as été malade ?*

H. *Non.*

A. *Si tu manges trop de chocolat, tu seras peut-être malade, mais si tu n'exagères pas, il n'y a pas de raison que tu sois malade.*

H. *Papa croit que quand on mange du chocolat, on est malade.*

A. *Je pense que tu as tout compris.*

À peu près à la même période, je veux m'arrêter chez mes parents pour leur dire bonjour. H. se met à sangloter en disant qu'il ne veut pas y aller. C'est plutôt étonnant, car quelques jours avant d'aller passer le week-end chez son père, il m'avait demandé de le laisser seul chez mes parents pendant un moment. Je n'insiste pas et nous rentrons à la maison. Le lendemain, je demande à H. pourquoi il ne voulait pas rendre visite à papy et à mammy. Il me répond : "On ne doit pas aller tout le temps comme ça chez papy et mammy !" Avant de partir chez son père, mon fils déclare :

H. *Papa, il ne t'aime pas.*

A. *Ça, je le sais. Mais ce n'est pas grave.*

H. *Mais papa, il ne m'aime pas non plus.*

A. *Pourquoi dis-tu cela ?... Il aime qui papa ? Il aime Armande ? (Sa compagne.)*

H. *Non.*

A. *Il aime Nathan ? (Son fils aîné.)*

H. *Non.*

A. *Il aime grand-mère ?*

H. *Non.*

A. *Il aime marraine ?*

H. *Non. Il n'aime personne...*

J'ai détourné la conversation, sans lui avouer qu'effectivement son père n'aimait personne d'autre que lui-même.

Comme vous pouvez le constater avec ces trois dialogues, un enfant de cinq ans peut déjà être bouleversé par des remarques qu'il a entendues ou par des comportements qu'il a observés chez l'un de ses parents. Cependant, il n'est pas en âge de contre-manipuler directement. Les enfants restent sensibles à toutes les formes de manipulation jusqu'à l'adolescence. Dans ce cas, les discussions douces et patientes ont plus d'effets bénéfiques que vos vociférations contre votre ex.

Agnès nous a fourni un bon exemple de savoir-faire et de diplomatie.

Pour l'adulte, il en est autrement. Dorénavant, être ou ne plus être manipulable dépend de vous.

Comme je le souligne dans ce chapitre, les manœuvres autour des enfants mineurs constitue l'entrave à votre « renaissance ». Malheureusement, certains d'entre vous, même sans enfant, ont mis des années à se rétablir. À l'exception d'un seul témoignage, j'ai remarqué que ceux qui traînaient une grande douleur après la rupture n'avaient nullement fait appel au soutien psychologique d'un professionnel.

Dominique, victime pendant trois ans d'une relation perverse, a mis plus de 10 ans pour reprendre ses 6 kilos perdus. Elle n'a pas pu se laisser approcher par un homme pendant 10 ans. À 26 ans, ça compte ! Elle ne ressentait aucun désir. (*« Comme si tout était éteint, était froid et mort ; comme si l'avenir avec un homme était devenu un paysage lunaire. »*) En dépression, elle s'est réfugiée chez ses parents.

Brice a mis trois ans pour s'en remettre. *« Je vivais reclus comme un moine, à lire et à boire. Sans cesse sur le qui-vive, je ne faisais confiance à personne. J'étais incapable d'aborder une femme sans me sentir humilié. »* Actuellement, Brice vit avec une compagne et a repris un nouveau travail dans la communication. Il retrouve petit à petit sa confiance en lui.

Les anciennes victimes de pervers narcissiques mettent souvent plusieurs années avant de faire à nouveau confiance au sexe opposé : « Nouveau célibataire *ne cherche pas* de partenaire… » Leur plus grande crainte est de « retomber » dans le piège d'un manipulateur.

Au cours de mes années de recherche, d'observations et de consultations auprès de ces conjoints-victimes, j'ai constaté qu'un nombre important d'entre eux, qui vivaient ce type de relation amoureuse avec un manipulateur, avaient été les fils ou les filles d'un parent également manipulateur ! Certes, je n'ai pas suffisamment d'éléments statistiques permettant d'évaluer avec précision ce pourcentage. Pour avoir posé la question à certains et obtenu des réponses claires, je peux cependant affirmer qu'au moins 30 % d'entre eux ont également eu une mère ou un père manipulateur.

« J'ai mis un an, avec une belle dépression (traitée par psychothérapie et anxiolytiques) pour m'apercevoir du parallèle entre l'attitude de ma mère et celle de D., écrit Adeline. *Au fur et à mesure que j'avançais dans le processus de ma psychothérapie, je retrouvais les attitudes de celle qui m'a élevée dans la négation : négation de ce que je voulais être, négation de mes avis et de mes opinions. J'ai toujours essayé de répondre à ce portrait brossé d'avance : je devais être l'instrument de cette femme. Je faisais tout afin de me faire aimer d'elle, et elle, de son côté, faisait tout pour que je m'attache à elle (quitte à me le reprocher plus tard… Aucun don de la part de ma mère n'est gratuit).*

L'égocentrisme se manifeste chez ma mère par : 1) la négation de ce qui n'est pas conforme à ce qu'elle exige dans la personnalité d'un être proche, 2) l'attitude extrêmement directive sous des aspects affectueux et tendres, 3) les reproches, 4) l'ignorance des demandes (à Noël, elle m'offrait rarement ce que j'avais demandé), 5) la jalousie (de mes amis)…

Mais il est beaucoup plus difficile de régler les problèmes de manipulation avec ma mère : elle est âgée et joue sur sa solitude ; elle divise pour mieux régner (entre mes enfants et moi-même par exemple…), accepte très mal que je la mette à distance, les non-réponses de ma part.

Aussi, il a fallu que je modifie ma propre attitude. J'avais l'habitude de lui confier mes problèmes intimes (dont elle se servait ensuite) ; j'ai cessé de le faire. Je ne rétorquais pas en cas de mauvaise foi manifeste ; j'apprends maintenant à lui répondre en me montrant plus assurée. Il m'arrivait de dépendre d'elle financièrement : j'essaie maintenant de m'en sortir toute seule de ce côté-là. La dépendance financière a beaucoup joué dans nos relations. Je pensais que les dons de ma mère étaient gratuits ; c'était un leurre.

Elle a souvent dit : "Si tu n'avais pas été aidée pour tes enfants...", "Si je n'avais pas été là pour les habiller", "Tu peux quand même m'emmener, j'ai payé (tant) pour ta voiture", etc. Qu'il s'agisse d'un don financier ou d'un service comme la garde des enfants, elle me rappelait toujours que je lui étais redevable de sa bonté et que je devais me comporter d'une façon qui correspondait à ses attentes.

La "rééducation" est encore plus dure pour moi, car les mécanismes qui ont provoqué les manipulations sont profondément ancrés en moi. Je dois changer, **moi,** *pour que ces mécanismes ne se mettent plus en jeu. Cela demande une vigilance de tous les instants. On ne peut pas quitter un parent âgé et seul comme on quitterait un conjoint.*

D. a encore une influence sur ma vie, car il demeure dans l'appartement adjacent à ma maison. Pourtant, nous nous voyons peu et j'ai reconstruit ma vie amoureuse avec un homme que j'apprécie.

Le souvenir de ces tortures morales est toujours présent. Mais je crois aussi que l'on sort différent d'une telle expérience. On a goûté à la torture, à l'esclavage, à la soumission, à l'avilissement, et cela, devant son entourage. En sortir, c'est modifier les rapports avec les autres, travailler sa confiance en soi, avoir gagné en humanité, en combativité (à bon escient cette fois-ci !) et en tolérance. C'est regagner une estime de soi. Les victimes sont aussi victimes d'elles-mêmes. C'est tout au moins ce que j'ai ressenti. »

Le divorce de Charlotte avec R. est entamé. Elle décide « d'oublier » qu'elle a vécu avec lui malgré ce qu'elle définit comme la pire période de sa vie. *« Je l'ai quasiment effacé de ma mémoire. Je revis. C'est le jour et la nuit ! Je suis super heureuse, seule avec mes enfants. J'ai retrouvé mon poids. Je suis en pleine forme. J'ai beaucoup d'activités et j'ai repris contact avec de nombreux amis. Sur le plan sentimental, c'est un désastre mais j'ai commencé un travail thérapeutique. »*

Bien des conjoints rescapés prennent (l'heureuse) initiative de faire appel à un psychothérapeute pour les aider à se remettre d'une telle expérience. À cette occasion, ils découvrent peut-être : la présence d'une histoire infantile qui se reproduit, les influences néfastes d'une dépendance affective ou d'autres éléments importants de leur caractère et de leurs mécanismes. Aussi, apprennent-ils à mettre en place des moyens de gérer la « communication obligatoire » avec le manipulateur (par l'intermédiaire des enfants, par exemple, ou parce qu'il n'y a pas de séparation physique pour le moment) par l'apprentissage comportemental de la contre-manipulation entre autres.

Les attitudes et les techniques de contre-manipulation sont variées, mais elles ont toutes pour but de ne plus donner prise au manipulateur et à sa soif de se délecter de vos réactions émotionnelles.

Nadine vit encore avec son époux manipulateur et utilise la contre-manipulation en se rendant insensible aux reproches et attaques qu'elle reçoit depuis si longtemps.

« Lorsque je fais du bricolage, il dit que je retombe en enfance et ajoute que je m'amuse, quand lui travaille… Que j'ai la belle vie ! Cela ne me blesse plus et j'ai cessé de me justifier. Lorsqu'il regardait une belle femme à la télévision, ses réflexions me faisaient bondir de colère. Il aime me rendre jalouse. Depuis que je ne réagis plus, il a cessé ! Il a toujours boudé. Ça me rendait littéralement malade. Maintenant que cela ne me fait plus rien, il ne boude plus !

Avant de faire une psychothérapie, je me croyais pleine de défauts. Je me sentais nulle, vilaine. Mince ou grosse, je n'étais jamais assez bien pour lui. Lorsque je maigrissais un peu, il disait que je sortais d'un camp de concentration et lorsque je reprenais du poids, il critiquait encore ("Tu vas rouler toute seule sur la route !"). Maintenant, je me sens bien, mince ou grosse. Je suis comme je suis et je n'écoute plus ses humiliations. Alors, il me reproche le fait que je m'en fiche ! C'est vrai.

Pour me protéger, je pense à mon enfant intérieur imagé par une petite poupée. Je respire par le ventre et je me dis cette phrase : "Salopard, tu ne m'auras plus !" Grâce à cela, je ne crie plus, je ne pique plus de colères comme j'en avais l'habitude autrefois, je ne vis plus dans le doute ni dans la culpabilité. Tout change. Lentement mais sûrement… »

Grâce à un travail thérapeutique de quelques mois, France a réalisé qu'elle avait le pouvoir de changer sa relation avec son ex-compagnon, père de ses trois enfants. Très rapidement, elle a pris des dispositions concrètes pour limiter les contacts physiques et utilise judicieusement la contre-manipulation.

« Il n'a plus aucune influence sur mon psychisme. Ma thérapie y est pour beaucoup. Alors qu'au moment de la séparation apparaissaient une foule de conflits reliés à la vie quotidienne des enfants (trajet pour aller à l'école, dates de vacances, etc.), les relations sont actuellement bonnes et réduites à leur plus simple expression. Je crois qu'à part de très rares occasions, il n'arrive plus à me manipuler. Il le fait encore de temps en temps avec nos enfants qui ont souvent du mal et de l'appréhension à résoudre un conflit. Cependant, ils ont eux-mêmes développé une faculté d'adaptation (ou de protection) face au caractère manipulateur de leur père. Donc, cela ne me gêne plus. Il pourrait encore utiliser les enfants pour me manipuler, mais j'ai l'impression que ce n'est plus son but.

Il faut arriver à ne plus rentrer physiquement et psychologiquement dans le jeu du manipulateur. J'ai fait l'expérience suivante : au début de cette "nouvelle relation" que devient la séparation, le manipulateur déploie encore plus d'énergie pour continuer son œuvre de destruction. Puis, petit à petit, il prend conscience des barrières inédites de l'autre et finit par cesser de vouloir manipuler (puisque ça ne marche plus de toute façon). »

« L'après » devient une nouvelle vie, une véritable renaissance. Certains vivent un accouchement long et douloureux, surtout s'ils ne se font pas accompagner sur le plan psychologique et social. Ces soutiens, outre la démarche volontaire de se retrouver soi-même et le courage de dire « Non, plus jamais cela ! », sont les garants d'un prompt rétablissement vers le bien-être, la liberté et l'épanouissement.

Finalement, ne devrait-on pas extraire un bénéfice d'une expérience négative ? Celui par exemple d'en avoir appris un peu plus sur soi et sur la nature humaine. Devons-nous vraiment sortir perdant d'une telle relation ?

À nous maintenant de décider de la nature de l'amour que nous voulons offrir… et recevoir !

Conclusion

Le véritable amour est non seulement un sentiment positif, mais aussi une force fantastique pour s'élever soi-même et permettre au partenaire de grandir et d'évoluer vers le meilleur de lui-même. Un amour digne de ce nom épanouit l'autre, mais jamais ne détruit. Il conduit vers la joie, la connaissance de soi, l'ouverture au monde et à cette sensation d'être capable de goûter au bonheur.

Certes, le bonheur ne s'acquiert pas uniquement au sein d'une relation amoureuse. Heureusement ! Mais nous devons convenir de l'aberration d'une relation amoureuse qui ne nous apporte en quelques mois que doute, dénigrement, perte de confiance en soi, conflits et abolition de notre « moi ».

À moins d'être avertis de l'existence de ces êtres au narcissisme pathologique que sont les manipulateurs et les manipulatrices (et les pervers), peu d'entre nous savent déceler le danger à temps. Peu savent partir sans emporter avec eux un sentiment de culpabilité. Bien sûr, la manipulation mentale, qu'on pourrait aussi appeler « vampirisme psychologique et affectif », provoque l'immobilisme. Mais comme nous l'avons décrit dans cet ouvrage, la manipulation n'est pas la seule explication à cette asphyxie psychologique si souvent observée. En effet, sans parler de *complicité* de la victime envers son bourreau (*pattern* qui semble plus relié à une relation de couple sadomasochiste), chacun d'entre nous contribue d'une façon ou d'une autre à la pérennité de la relation. Nous sommes seuls responsables d'avoir abandonné le contact avec nos besoins fondamentaux. Par ailleurs, nous contribuons à notre malheur en persistant à obéir à des croyances, à des principes généraux souvent érigés en règles de vie universelles incontournables. Nous ne percevons pas toujours le caractère irrationnel de ces cognitions pourtant dénuées de cohérence face à une réalité si flagrante. Tant que nous ne voulons pas modifier certaines de nos idées sur « comment **devrait** être le monde » et que nous n'abandonnons pas certaines de nos attentes (toujours vaines vis-à-vis du manipulateur), nous pouvons considérer que nous participons passivement à l'état déplorable de cette relation.

Personne ne peut s'extraire d'une emprise manipulatrice sans se défaire de l'idée tenace qu'il lui faut plaire et être estimé *par tous*. Tant que nous voulons donner une image quasi parfaite de nous-mêmes en toutes circonstances, nous demeurons vulnérables aux manipulations. Le jour où nous cesserons d'accorder de l'importance à l'opinion que ces personnes destructrices se font de nous, nous ne serons plus manipulables sur le plan affectif. Personne non plus ne parviendra à nous manipuler le jour où nous cesserons d'obéir aveuglément à certains schémas de pensée comme, par exemple, le principe d'engagement («Il faut aller jusqu'au bout»), le devoir de se montrer aimable et conciliant en tout, l'idée que le partenaire changera grâce à notre amour, etc. Bien que nous ne soyons pas responsables de l'existence d'une telle situation, il nous reste le pouvoir de faire en sorte qu'elle ne dure pas et de prendre la poudre d'escampette. Mais jusqu'où la force de l'illusion face à celle de la réalité nourrit-elle l'âme ? Jusqu'à la destruction de soi, apparemment...

Nous l'aurons compris, il ne s'agit pas de difficultés conjugales « classiques » que traversent *tous* les couples. Le caractère quasi permanent des processus de destruction de l'estime de soi du partenaire dénonce l'aspect anormal d'une telle relation amoureuse. En dehors de certaines études psychanalytiques sur le pervers et le couple pervers, les professionnels en psychologie semblent s'être peu penchés sur ces graves aspects de la relation amoureuse, aspects dévastateurs liés directement à un des membres du couple qui s'avère être « un individu pathologique ». Le dysfonctionnement de la communication du couple est certes remarquable, mais il n'est que la suite logique du « dysfonctionnement du malade ».

Je suis entièrement d'accord avec l'observation du psychiatre américain Scott Peck qui écrit[16] :

«... la psychologie a eu tendance, de manière générale, à agir comme si le mal — le malin — n'existait pas. Or la psychologie a potentiellement beaucoup à apporter sur la question [...]. Premièrement, le mal est réel. Ce n'est pas une invention de l'imagination d'un esprit religieux primitif essayant d'expliquer l'inconnu. Il existe vraiment des gens et des institutions qui répondent par la haine à la bonté et qui, dans la mesure de leurs possibilités, détruisent le bien. Et cela aveuglément, sans se rendre compte de leur malveillance dont ils évitent surtout de prendre conscience. Comme il a été dit dans la littérature religieuse, ils n'aiment pas la lumière et font tout pour l'éviter, y compris en essayant de l'éteindre. Ils détruisent la lumière qui vit en leurs enfants et chez tous les individus soumis à leur pouvoir. [...] Plutôt que d'aider les autres à évoluer, ils les détruiront. Si nécessaire, ils iront jusqu'à tuer pour échapper à la douleur de leur évolution spirituelle. Puisque l'intégrité de leur moi malade est menacée par la santé spirituelle de ceux qui les entourent, ils chercheront, par tous les moyens, à l'écraser et à la démolir. Je définis le mal comme l'exercice d'un pouvoir politique, c'est-à-dire l'imposition de sa volonté sur les autres par la contrainte, ouverte ou masquée, afin d'éviter de se dépasser et d'encourager l'évolution spirituelle. La paresse ordinaire est le non-amour ; le Mal est l'anti-amour. »

16. PECK, Scott, *Le chemin le moins fréquenté,* Paris, Éditions Robert Laffont, 1987.

Dans ce type de relations, où nous laissons l'autre détenir le pouvoir total jusqu'à définir le sens de notre existence, il n'y a aucun phénomène d'habituation : plus la relation dure, plus le partenaire s'étiole et se vide de sa vitalité. De plus, le caractère confus et destructeur de cette expérience laisse une trace dans notre mémoire affective. Il semblerait que seul un véritable travail sur soi permette que cette empreinte ne soit pas indélébile au point de nous empêcher de renaître à la vie et de refaire confiance à l'amour.

Il est essentiel de constater que malgré les menaces proférées par le manipulateur ou la manipulatrice, le pouvoir que lui confère sa conviction personnelle de sa surpuissance s'effrite face à la détermination du partenaire victime, face à la détermination de son entourage et face au pouvoir de la justice. Si les lois de nos pays ne reconnaissent pas en l'an 2000 le harcèlement psychologique dans le couple comme un délit grave et condamnable, serait-ce parce que ceux qui font les lois ignorent l'existence d'un tel délit, ignorent que ce délit peut même avoir lieu dans des milieux très favorisés ? Encore une fois, le silence des victimes, à grande échelle, ne fait-il pas le nid de ceux et celles qui tuent ceux qu'ils sont censés aimer et protéger ? Cette violence psychologique au sein des relations amoureuses et conjugales mérite d'être dénoncée au même titre que la violence (psychologique et physique) infligée aux enfants.

Raymonde quitte son mari après 43 ans de mariage et, comme tant d'autres, veut transmettre un message.

« Je pense être une femme intelligente et équilibrée. J'ai toujours essayé de donner le maximum à ma famille, je prenais les restes, j'en ai même oublié que j'avais des besoins… Quel échec ! J'engage tous les conjoints du monde à exprimer leurs désirs les plus intimes au fur et à mesure des situations. J'engage chacun d'eux à vivre à fond et à se faire rapidement aider par des thérapeutes en cas de besoin. Je souhaite qu'au moins ma vie de femme mariée, minable et ratée, puisse leur être utile.

Lorsque l'équilibre du couple n'est plus respecté et que l'un des deux commence à grignoter le territoire et l'identité de l'autre, il faut ruer dans les brancards. Tant pis si cela ne se recolle pas. Mieux vaut se séparer, même après 20 ans de vie commune, car ce moment arrivera quand même après 40 ans ! »

Qu'est-ce qui peut nous préserver d'une telle mésaventure ?

Qu'est-ce qui peut nous faire relever la tête après s'être extirpé d'une telle expérience ?

Le meilleur antidote aux manipulateurs est sans aucun doute **l'amour de soi.** Assurons-nous d'être capables de nous aimer nous-mêmes avant d'oser nous promettre : « Plus jamais ça ! »

Bibliographie

Pour mieux comprendre

AULAGNIER, ouvrage collectif. *Le désir et la perversion,* Paris, Éditions du Seuil, 1967, 205 p.

BOILY, Pierre-Yves. *Enfers et paradis de la vie conjugale,* Montréal, Les Éditions de l'Homme, Stanké, 1999, 138 p.

BERGERET, Jean. *La personnalité normale et pathologique,* 3e édition, Paris, Éditions Dunod, (coll. « Psychismes »), 1996, 336 p.

BERNFIELD, Lynne. *Quand on veut, on peut.* Montréal, Le Jour, éditeur, 1991, 221 p.

BRACONNIER, Alain. *Le sexe des émotions,* Paris, Éditions Odile Jacob, 1998, 211 p.

BUTLER, Pamela F. *Savoir se parler, se comprendre et s'affirmer,* Orsay, Éditions Médicis-Entrelacs, 1995, 298 p.

CHABERT, Catherine, Bernard BRUSSET et François BRELET-FOULARD. *Névroses et fonctionnements limites,* Paris, Dunod, (coll. « Psycho Sup. »), 1999, 183 p.

DEBRAY, Quentin et Daniel NOLET. *Les personnalités pathologiques, approche cognitive et thérapeutique,* Paris, Éditions Masson, 1995, 173 p.

DE SOUZENELLE, ouvrage collectif. *Être à deux ou les traversées du couple,* Paris, Éditions Albin Michel, 1993, 229 p.

EIGUER, Alberto. *Le cynisme pervers,* Paris, Éditions l'Harmattan, 1995, 153 p.

EIGUER, Alberto. *Le pervers narcissique et son complice,* Paris, Éditions Dunod, 1996, 206 p.

FROMM, Erich. *La passion de détruire,* Paris, Éditions Robert Laffont, (coll. « Réponses »), 1975, 523 p.

GOLEMAN, Daniel. *L'intelligence émotionnelle,* Paris, Éditions Robert Laffont, 1997, 421 p.

HENDLIN, Steven J. *Les pièges de la perfection,* Paris, Éditions Anne Carrière et Marabout, 1993, 342 p.

HIRIGOYEN, Marie-France. *Le harcèlement moral, la violence perverse au quotidien,* Paris, Éditions La Découverte et Syros, 1988, 210 p.

HURNI, Maurice et Giovanna STOLL. *La haine de l'amour, la perversion du lien,* Paris, Éditions L'Harmattan, 1996, 386 p.

JOULE, Robert-Vincent et Jean-Léon BEAUVOIS. *Petit traité de manipulation à l'usage des honnêtes gens,* Grenoble, Presses Universitaires de Grenoble, 1987, 229 p.

KHAN, Masud. *Figures de la perversion,* Paris, Éditions Gallimard, (coll. « Connaissance de l'inconscient »), 1979, 290 p.

LELORD, François et Christophe ANDRÉ. *L'estime de soi, s'aimer pour mieux vivre avec les autres,* Paris, Éditions Odile Jacob, 1999, 288 p.

MILGRAM, Stanley. *Soumission à l'autorité,* Paris, Éditions Calmann-Lévy, (coll. « Liberté de l'esprit »), 1974, 268 p.

Ouvrage collectif sous la direction de Patrick GUYOMARD. *La disposition perverse,* Paris, Éditions Odile Jacob, 1999, 287 p.

PONCET-BONISSOL, Yvonne. *Le couple dans tous ses états. Cœur, sexe, famille, leurs amours et déchirures,* Paris, Éditions Résidence, 1999, 197 p.

PASINI, Willy. *À quoi sert le couple ?,* Paris, Éditions Odile Jacob, 1996, 248 p.

RHODES, Daniel et Khathleen RHODES. *Le harcèlement psychologique,* Montréal, Le Jour, éditeur, 1999, 189 p.

STOLOFF, Jean-Claude. *Interpréter le narcissisme,* Paris, Éditions Dunod, (coll. « Psychismes »), 2000, 176 p.

TISSERON, Serge. *Du bon usage de la honte,* Paris, Éditions Ramsay, 1998, 202 p.

WATZLAWICK, Paul. *Faites vous-même votre malheur,* Paris, Éditions du Seuil, 1983, 199 p.

Pour mieux agir

ALBERTI, Robert E. et Michael L. Emmons. *S'affirmer,* Montréal, Le Jour, éditeur, 1992, 250 p.

AUGER, Lucien. *S'aider soi-même,* Montréal, Les Éditions de l'Homme, 1974, 165 p.

AUGER, Lucien. *Vaincre ses peurs,* Montréal, Les Éditions de l'Homme, 1977, 205 p.

AUGER, Lucien. *S'aider soi-même davantage,* Montréal, Les Éditions de l'Homme, 1980, 133 p.

AUGER, Lucien. *Le temps d'apprendre à vivre,* Montréal, Les Éditions de l'Homme, 1996, 268 p.

BOISVERT, Jean-Marie et Madeleine BEAUDRY. *S'affirmer et communiquer,* Montréal, Les Éditions de l'Homme, 1979, 328 p.

BRADSHAW, John. *S'affranchir de la honte, libérer l'enfant en soi,* Montréal, Le Jour, éditeur, 1993, 353 p.

CRÈVECŒUR, Jean-Jacques. *Relations et jeux de pouvoir,* Belgique, Éditions Équinoxe 21, (coll. « Connais-toi toi-même »), 1999, 539 p.

ELLIS, Albert et Robert A. HARPER. *L'approche émotivo-rationnelle,* Montréal, Les Éditions de l'Homme, 1992, 383 p.

FORWARD, Susan et Donna Frazier. *Le chantage affectif – Quand ceux que nous aimons nous manipulent,* Paris, InterÉditions/Masson, 1998, 255 p.

GLASS, Liliane. *Comment s'entourer de gens extraordinaires,* Montréal, Les Éditions de l'Homme, 1998, 158 p.

KAUFMAN, Barry Neil. *Aimer c'est choisir d'être heureux,* Montréal, Le Jour, éditeur, 1986, 332 p.

KAUFMAN, Barry Neil. *Le bonheur c'est un choix,* Montréal, Le Jour, éditeur, 1993, 230 p.

LELORD, François et Christophe ANDRÉ. *Comment gérer les personnalités difficiles,* Paris, Éditions Odile Jacob, 1996, 345 p.

NAZARE-AGA, Isabelle. *Les manipulateurs sont parmi nous,* Montréal, Éditions de l'Homme, 1997, 188 p.

NORWOOD, Robin. *Ces femmes qui aiment trop,* Montréal, Les Éditions de l'Homme, 1985, 303 p.

PECK, Scott. *Le chemin le moins fréquenté,* Paris, Éditions J'ai lu, 1978, 378 p.

PONCET-BONISSOL, Yvonne. *Les blessures de l'amour,* Paris, Éditions Résidence, 1999, 157 p.

YOUNG, Jeffrey E. et Janet S. KLOSKO. *Je réinvente ma vie,* Montréal, Les Éditions de l'Homme, 1995, 346 p.

Table des matières